ITINÉRAIRES

ENTRE

TRIPOLI ET L'ÉGYPTE

Extraits des Relations de Voyage

D'EL ABDERI, EL AIACHI, MOULAY AH'MED ET EL OURTILANI

PAR

A. de C. MOTYLINSKI

Professeur de la Chaire d'Arabe de Constantine

Directeur de la Médersa

Extrait du *Bulletin de la Société de Géographie d'Alger*

DEUXIÈME TRIMESTRE 1900

ALGER

IMPRIMERIE TYPOGRAPHIQUE ET LITHOGRAPHIQUE S. LÉON

15, Rue de Tanger, 15

1900

ITINÉRAIRES

ENTRE

TRIPOLI ET L'ÉGYPTE

Extraits des Relations de Voyage

D'EL ABDERI, EL AIACHI, MOULAY AH'MED ET EL OURTILANI

PAR

A. de C. MOTYLINSKI

Professeur de la Chaire d'Arabe de Constantine

Directeur de la Médersa

Extrait du *Bulletin de la Société de Géographie d'Alger*

DEUXIÈME TRIMESTRE 1900

ALGER
IMPRIMERIE TYPOGRAPHIQUE ET LITHOGRAPHIQUE S. LÉON
15, Rue de Tanger, 15

1900

ITINÉRAIRES

ENTRE

TRIPOLI ET L'EGYPTE

Extraits des Relations de Voyage

D'EL ABDERI, EL AIACHI, MOULAY AH'MED ET EL OURTILANI

La traduction d'une faible partie des voyages d'El Aiachi et de Moulay Ah'med, donnée, en 1846, par M. Berbrugger, dans le volume IX de l'Exploration scientifique de l'Algérie, a montré quelle mine de renseignements précieux intéressant la géographie, l'histoire, l'ethnographie et l'archéologie de l'Afrique septentrionale contenaient les relations de ces auteurs musulmans.

En 1854, M. Cherbonneau a publié à son tour, dans le journal asiatique, des extraits du voyage d'un autre pèlerin marocain, El Abderi, suffisants pour donner une idée de la valeur de cet ouvrage.

La partie traduite par M. Berbrugger ne concerne que le Maroc, l'Algérie et la Tunisie. Il arrête et reprend à Tripoli les itinéraires d'aller et retour d'El Aiachi et de Moulay Ah'med.

Dans l'analyse de M. Cherbonneau, on ne trouve sur le voyage d'El Abderi, à partir de Tripoli, que des indications très sommaires.

J'ai pensé qu'il serait utile pour la géographie africaine de donner les itinéraires de ces voyageurs de Tripoli à Alexandrie et au Caire.

Les renseignements précis et détaillés que fournissent surtout El Aiachi et Moulay Ah'med sur la route suivie par les pèlerins du Mar'reb pourront servir à relier les travaux anciens d'El Iâk'oubi, Ibn Haoukal, El Bekri, El Edrisi, Aboul Feda et autres auteurs musulmans du moyen âge aux explorations modernes de Della Cella, Scholz, Pacho, Beechey, Barth et Rohlfs, dans les régions encore imparfaitement connues du littoral oriental de la Tripolitaine, de la grande Syrte, de la Cyrénaïque Tellienne et Saharienne et de la Marmarique.

Le plan de mon travail, destiné à être présenté à la Société de Géographie d'Alger, ne me permettait pas de donner une traduction complète des relations de nos voyageurs.

Je me suis donc borné à résumer leurs récits dans la forme la plus simple, en élaguant tout ce qui me paraissait être sans intérêt pour la Géographie.

Après de longues hésitations, je me suis décidé à dresser, comme complément indispensable de mon analyse, une carte des itinéraires suivis par nos pèlerins.

Je n'ai pas besoin de dire que, malgré tout le soin que j'y ai apporté, je ne la donne pas comme un travail d'une précision définitive. Ceux qui savent combien sont rares et difficiles à trouver pour ces régions les documents ayant une valeur géographique réelle et pouvant servir de base solide ne s'étonneront pas de me voir faire des réserves à ce sujet.

Itinéraires d'El Abderi

La relation du cheikh Moh'ammed ben Moh'ammed ben Ali ben Ah'med ben Messâoud El Abderi est connue sous le nom d'*Er Rih'la El Mar'ribia.*

Le manuscrit que je possède a été copié sur un exemplaire appartenant à un t'aleb de Constantine et collationné sur celui de la Bibliothèque universitaire d'Alger. Il ne comprend pas moins de 189 folios.

Moins précis qu'El Aiachi et Moulay Ah'med qui viennent trois et quatre siècles après lui, El Abderi ne consacre que quelques pages à la partie qui nous intéresse, sans donner les étapes successives de sa route entre Tripoli et Alexandrie.

C'est un maître de la langue arabe qui ne manque pas une occasion de se livrer à des exercices littéraires et qui réserve surtout sa pompeuse rhétorique pour les centres de l'Islam où la science est en honneur.

Il voit les choses de haut et s'arrête rarement aux détails géographiques.

Il est fâcheux qu'il n'ait pas employé son talent à décrire plus longuement la partie de son voyage entre Tripoli et Alexandrie. Sa relation aurait offert un intérêt tout particulier, parce que, seul parmi les voyageurs qui nous occupent, il traverse une partie de la Pentapole Libyque, en suivant la route du Nord, au lieu de franchir directement les solitudes qui s'étendent au Sud du djebel El Akhdhar, entre le fond de la grande Syrte et le golfe de Bomba.

Son voyage ne manque cependant pas d'intérêt ; on ne peut lui reprocher que le défaut de précision au point de vue purement géographique.

J'ai dû indiquer sur la carte une partie de son itinéraire spécial, dans le Nord du pays de Bark'a, par des pointillés, tracés approximativement, n'ayant eu pour guides que deux ou trois points de repère suffisamment fixés.

Du Maroc à ~~Alexandrie~~ Tripoli

Parti de H'ah'a, région voisine de Mogador, le 25 Doul K'âda, 688 de l'hégire (10 décembre 1289 de l'ère chrétienne) El Abderi, après avoir visité Tlemcen, Miliana, Alger, Bougie, les Beni-Ourar, Mila, Constantine, Bône, Béja, Tunis, El K'airouan et Gabès, gagne Tripoli en passant par Zouara, Zouar'a et Zenzour.

Il n'indique ni la date de son arrivée à Tripoli, ni la durée de son séjour dans cette ville ni la composition de la caravane avec laquelle il va franchir les solitudes qui le séparent de l'Egypte habitée.

Comme dans toutes les localités importantes qu'il a traversées, il s'inquiète avant tout de l'état des sciences musulmanes et se met en quête des lettrés dont le contact pourrait lui offrir quelque intérêt.

Il assiste à un cours de droit professé par le K'adhi Abou Moh'ammed Abd Allah ben Es Seyd et déclare n'avoir compris qu'avec peine la leçon de ce prétendu maitre dont il relève en détail les erreurs d'enseignement, non par vanité, dit-il, mais pour prouver à ses lecteurs en quel état de décadence la science est tombée dans cette région.

Il cite comme monuments dignes d'être remarqués la mosquée principale de la ville et la grande Médersa.

Mais son attention est surtout attirée par un antique édifice, bâti en voûte, à la porte de la mer (Bab-el-Bah'r), qui me paraît être l'arc de triomphe de Marc-Aurèle.

Il est construit avec une remarquable solidité en énormes pierres de taille placées symétriquement jusqu'au sommet et ornées de sculptures merveilleuses. Ces pierres sont si parfaitement ajustées qu'on n'a employé aucun mortier pour les joindre.

On admire leur remarquable disposition à la base de l'édifice et on s'étonne encore plus de les voir placées à une telle hauteur, malgré leur dimension.

A l'endroit où repose la voûte, se trouve un bloc de forme arrondie si admirablement fouillé de sculptures qu'on reste stupéfait d'un pareil travail.

Une seconde voûte s'élève sur la première, à côté de hautes constructions.

La voûte inférieure a une porte bouchée, sur les côtés de laquelle on voit deux lions, sculptés également dans la pierre et se faisant face. Chacun d'eux a des rênes tenues par un personnage debout derrière lui qui semble maintenir la bête avec la plus grande force.

« Il y a peut-être là, ajoute El Abderi, une allégorie dont le sens mystérieux échappe et reste ignoré. »

A ce propos, notre voyageur rappelle que l'Ifrik'ia est couverte de vestiges admirables laissés par les anciens. Il cite le château de la Kahina ou *K's'ar Ldjem* dont il parlera à son retour, puis la *Menara* située à une étape à l'Ouest d'El K'airouan.

Ce monument circulaire, bâti en pierres de taille, est si solide qu'il semble ne former qu'un seul bloc. On dirait un cylindre taillé dans le bois. Le pourtour supérieur de l'édifice est entouré, comme d'un collier, de pierres taillées dont les bords en saillie sont si minces qu'elles semblent tranchantes.

Le sommet du château est garni de tous côtés par des rocs arrondis, taillés et creusés pour laisser un passage à l'eau, qui forment de vastes, solides et magnifiques gargouilles.

Les traces laissées dans ces régions par les peuples disparus montrent quelle était leur puissance. Elles offrent un triste contraste avec l'état actuel de ces pays désolés où l'on ne voit partout que ruine et désorganisation. Il est impossible de se faire une idée de l'œuvre de destruction accomplie par le temps. C'est en s'exposant à tous les dangers qu'on affronte ces solitudes, habitées seulement par des Arabes grossiers et rapaces, plongés dans l'impiété, toujours en révolte contre Dieu et leurs semblables et incapables de distinguer le mal du bien. Dépouiller le pèlerin semble être pour eux un devoir. Des hauteurs qui dominent leurs déserts, ils guettent le voyageur et fondent sur lui comme le faucon sur l'oiseau.

De Tripoli à Alexandrie

El Abderi, après avoir quitté Tripoli, signale sur la route qu'il suit *Mes'rata* (مصراتة) qui est trop peu de chose pour mériter une description. Les châteaux qui s'y trouvent offrent de loin un bel aspect ; mais en y arrivant, on constate que ce sont des demeures sans habitants.

On franchit ensuite les *Sebakh*, région affreuse, dont la vue trouble l'âme la plus ferme et dont les eaux affaiblissent les corps les plus solides.

Après de longues fatigues, on aperçoit les K's'our de *Sort* (سرت), qui semblent dire au voyageur : « Notre force est devenue faiblesse ; nous avons un nom, mais ce nom ne désigne plus rien. »

Cette dénomination s'applique à plusieurs K's'our assez éloignés les uns des autres. Le premier est *Ech-Chebika* (الشبيكة), qui est le plus peuplé ; le dernier est *El Media* (المدية), auquel on donne plus particulièrement le nom de *Sort*. Ce ne sont en somme que des lieux presque déserts, habités seulement par des arabes et des gens dont il n'y a pas à faire cas.

El Bekri, dans ses *Masalik*, dit que *Sort* est une grande ville sur le bord de la mer avec jardins, palmiers. Il fait la même description d'*Adjedabia* (أجدابية) qui est à dix étapes plus loin.

El Abderi déclare qu'il n'a vu là ni palmiers, ni jardins ; si cela a existé, tout a maintenant disparu. Peut-être El Bekri a-t-il entendu dire qu'on trouvait des dattes dans ces localités et en a-t-il conclu qu'il y avait des palmiers.

Les dattes constituent en effet le principal aliment des habitants de *Sort* et d'*Adjedabia*, mais elles y sont apportées d'ailleurs.

On traverse ensuite les régions de *Senana* (سنانة) et de *Menhoucha* (1) (منهوشة), déserts où le voyageur, toujours en garde contre les bandes de pillards qui les parcourent, ne peut goûter aucun repos. L'eau y est rare et impotable.

Après des fatigues inouïes et désespérantes, on atteint le pays de *Bark'a* (برقة), le plus redoutable à traverser, celui où on éprouve des souffrances comparables à celles du voyageur altéré qui ne trouve pour étancher sa soif que de l'eau saumâtre.

Cette région est parcourue par des arabes grossiers, mais qui font bon accueil aux hôtes et n'attaquent que rarement les pèlerins.

Ils ne procèdent dans leurs transactions que par échange ; ni les dirhems ni les dinars n'ont cours chez eux. Un des pèlerins du *rekeb* ayant marchandé un chameau dont il offrait un chamelon et deux dinars, le propriétaire lui dit : « Je ne ferai pas entrer dans ma tente ce qui n'est jamais entré dans la tente de mon père et de mon aïeul. »

On ne peut se procurer des vivres chez eux qu'en leur donnant en échange d'autres denrées ou des objets divers.

Chose étonnante, leurs femmes, dont ils se servent dans leurs opérations commerciales, ont l'habitude de porter une petite pièce d'étoffe appelée *bourk'â*, qui leur couvre juste la figure. Elles se mêlent aux hommes la tête découverte, les côtés et les pieds nus, n'ayant souci que de cacher leur visage, comme si c'était la seule partie honteuse de leur corps. Cette sorte de voile qu'elles ne quittent

---

(1) Ces deux noms ne figurent pas dans les itinéraires d'El Aiachi, de Moulay Ah'med et d'El Ourtilani. Menhoucha est citée par El Edrisi, comme une aiguade située à trois journées de K's'ar El At'ich, sur les bords de la mer. Elle parait pouvoir être identifiée avec l'aiguade d'El Manâm indiquée comme un point important en raison de son excellente eau. Pacho cite une fraction des O'Ati portant le nom de Senana.

jamais est bientôt couvert d'une hideuse couche de crasse et devient « plus sale que l'honneur d'un homme vil, plus horrible que le visage de satan le lapidable ».

Dans toute l'étendue du pays de Bark'a, El Abderi déclare n'avoir rien vu qui réjouisse les yeux, sauf cependant une demeure creusée dans le roc, en un endroit désert situé entre Er Radjel El Mechk'ouk' (الرجل المشقوق) et le K's'ar des S'âfena (1) (قصر الصافنة)

Elle est taillée dans la pierre dure, à la base d'une montagne à la façon d'une belle maison, avec un banc fait d'une roche auprès de l'entrée.

A droite et à gauche se trouvent des sortes de grottes semblables à des chambres non achevées.

Quand on a dépassé la porte, on entre dans une belle et vaste pièce voûtée, de forme carrée, ornée de sculptures étonnantes. Un banc de pierre partant de la porte fait le tour de la salle. En face de l'entrée, des marches taillées dans le roc mènent à une autre grande pièce. C'est un admirable travail qui est au-dessus de toute description.

El Abderi a vu, en un autre point du pays de Bark'a, des monuments du même genre dont il parle dans son itinéraire de retour.

Bark'a est, d'après El Bekri, une ville ancienne, bâtie par les Grecs et qu'ils appelaient Antabolos ce qui en langue grecque signifie « cinq villes », comme *Trablés* ou *At'rabolos* signifie « trois villes ».

Il n'y a plus actuellement de centre qui porte le nom de *Bark'a*; ni d'autre ville connue dans cette région, sauf *Tolmeïtha* (طلميثة Ptolemata, Ptolemaïs), qui est une cité ancienne. On ne sait si c'est *Bark'a* ou une autre localité.

Bark'a n'est plus aujourd'hui que le nom d'une région et non d'une ville.

Les gens du Mar'reb englobent dans cette dénomination le pays qui s'étend d'*Aïn Ak'ian* (عين اقيان), à l'Ouest d'*Adjedabia*, jusqu'à Alexandrie, soit environ quarante étapes.

Quant aux habitants du pays, El Abderi a constaté qu'ils n'appliquaient ce nom qu'à la région située entre *El H'as'oui* (الحصوي) à l'Est, et *Berenik'* (برنيق, Bérénice) à l'Ouest, qui est à la limite du pays boisé. D'*El H'as'oui* à *El Ak'aba El Kebira* (العقبة الكبيرة),

(1) J'ai cru pouvoir identifier le *K's'ar Es'-S'âfena* avec le *Saffneh*, signalé par Pacho, à une heure et demie à l'Ouest de *Djans* (Pacho, voyage dans la Marmarique et la Cyrénaïque, p. 158 ; V. dans le même ouvrage la carte de la partie orientale de la Pentapole Libyque).

c'est *El Bat'nan* (البطنان) ; plus loin, jusqu'à Alexandrie, ce sont les deux *Ak'abas*.

Les arabes de *Bark'a* parlent très purement l'arabe et emploient des formes grammaticales et des expressions de la vieille langue aujourd'hui perdues dans le Mar'reb.

De l'*Ak'aba El Kebira* à l'*Ak'aba Es'-S'r'ira* il y a six journées de marche ; Alexandrie est à quatre jours de l'*Ak'aba Es'-S'r'ira*.

Toute cette région est absolument déserte. Elle se termine par le désert d'Aoubia (اوربية, désert de Lybie) qui est le plus pénible à traverser.

Si le voyageur n'était soutenu par l'espoir d'arriver aux villes du prophète, il n'oserait jamais affronter d'aussi affreuses solitudes.

On se repose de toutes les horreurs en atteignant Alexandrie.

Suit une description pompeuse d'Alexandrie, du phare, de la colonne des piliers et des différents monuments de cette ville.

Itinéraire de retour d'El Abderi. D'Alexandrie à Tripoli

Après avoir accompli les cérémonies du pèlerinage et la visite des lieux saints à la Mekke et à Médine, El Abderi se rend à Jérusalem. Il visite *Ghaza* et passe pour la seconde fois au Caire et à Alexandrie. Il reprend de là la route de l'Ouest, en suivant à peu près le même itinéraire qu'à l'aller jusqu'à *El Ak'aba Es'-S'r'ira*.

Pour arriver à *El Ak'aba El Kebira*, il prend le chemin de gauche qui est plus pénible, en raison de la rareté de l'eau et de la profondeur des puits.

La caravane reprend ensuite l'itinéraire de l'aller jusqu'à la région d'*El Bat'nan*, passe au *K'sar Es'-S'âfena* (قصر الصعافنة), à *Er-Radjel El-Mechk'ouk'* et à *El H'as'oui*, puis suivant la route qui est entre le Sud et la *R'aba*, elle atteint *Abou Chemal*, source abondante et pure, *Djarsoun* (جرسون) et *Meraoua* (مراوة), après avoir laissé à droite le chemin d'*El Merdj* (المرج), *K'oubbet Haïb* (قبة هيب) et *T'olmeïtha*, qui est la capitale de la région de *Bark'a* et le port de ses navires.

Entre *Djarsoun* et *Meraoua*, El Abderi signale de hautes collines, autour desquelles sont creusées et taillées dans la roche dure des habitations d'un travail et d'une solidité remarquables.

Il visite auprès de la route une de ces excavations qu'il trouve aussi bien disposée qu'une belle maison.

A droite de l'entrée, on voit une pièce remarquable, destinée à servir de cuisine, à gauche une autre chambre creusée pour le lavage et les lustrations.

Une belle et vaste salle, ornée de magnifiques sculptures, fait face à la porte.

Tous ces monticules sont remplis d'habitations taillées de la même manière dans le roc.

De *Meraoua*, El Abderi passe à Sousa (1) (سوسة), château ruiné, situé sur une hauteur d'où l'on embrasse une vaste étendue de pays. On y trouve des citernes destinées à recueillir les eaux de pluie, si profondes et si nombreuses qu'il est rare de les trouver à sec.

En avant, dans la même direction, sont les puits d'*El Mias* (المياس) qu'El Abderi laisse à gauche.

On atteint ensuite le territoire de Berenik', région excellente pour la culture. Il comprend de nombreux K'sour dans lesquels les Arabes emmagasinent leurs provisions. Le premier de ces groupes s'appelle El K'amanis (القمانيس), singulier d'El K'emines (القمينس). Il est formé par trois bourgades voisines les unes des autres. Ces dénominations sont étrangères à l'arabe.

On passe ensuite à K'sar Djalit' (قصر جليط), qui est le point extrême de la région de Berenik' du côté de l'Occident, puis à *Adjedabia*, antique château qui a les dimensions d'une grande et haute maison.

Certains historiens disent qu'on y trouve de l'eau courante et des palmiers. — On n'y voit plus actuellement qu'un seul château encore debout dans un endroit désert sans eau vive et sans aucun arbre.

On arrive ensuite à *Aïn Ak'ian*, eau potable qui sort d'une terre sablonneuse et blanche. C'est ce point que les gens du Mar'reb considèrent comme la limite de *Bark'a*, contrairement à l'usage des habitants du pays ; ceux-ci ne donnent ce nom qu'aux terres boisées et régions voisines s'étendant entre *El K'amanis* et *El H'as'oui*.

La caravane traverse ensuite la campagne de *Senana*, passe à *Menhoucha*, à *Sort* et à *Ech-Chebika*, dernier K's'ar de *Sort*. Elle continue, de ce point, à suivre son itinéraire d'aller et atteint Mes'rata, K's'our peuplés dont le dernier, dans la direction de l'Ouest, est *Souik'et Ibn Met'koud* (2) (سويقة ابن متكود).

---

(1) D'après la direction de l'itinéraire, ce n'est pas El Mersa Sousa (ancienne Apollonie), qui était le port de Cyrène.

(2) El Edrisi, description de l'Afrique et de l'Espagne, par Dozy et de Goeje, p. 155 et 158. V. sur les variantes de *Met'koud*, René Basset, les sanctuaires de Djebel Nefousa, p. 73 et suiv.

Elle atteint le village des *Beni H'assan* (1), où se trouve un groupe de population assez nombreuse.

Entre cette localité et *Mes'rata*, il y a dans le *Sah'el*, des villages peuplés et d'anciens châteaux.

C'est dans cette partie du littoral qu'est située la ville de *Lebda* (لبدة, Leptis), antique cité dont les monuments et les constructions en ruines sont encore des plus remarquables ; — on y trouve des colonnes et des plaques de marbre qu'il est impossible de décrire. Près du chemin, on peut voir une statue de marbre représentant une femme.

Cette ville était sans doute la capitale d'un royaume ; actuellement, elle est absolument en ruines et ne contient qu'une population peu nombreuse.

Au Nord des *Beni H'assan*, habitent les *Mesellata* (مسلاتة), honnêtes gens qui accueillent avec honneur les pèlerins.

Arrivée à Tripoli, où El Abderi paraît n'avoir fait qu'un court séjour, avant de reprendre la route de son pays.

Itinéraires d'El Aiachi

Le voyage d'El Aiachi a été publié récemment à Fez en deux volumes lithographiés, formant un total de près de neuf cents pages.

L'édition est loin d'être parfaite et il serait facile d'y relever en quelques pages seulement un assez grand nombre d'erreurs de copie.

Elle a au moins l'avantage d'être accompagnée de tables détaillées qui facilitent les recherches dans cette volumineuse relation.

M. Berbrugger, qui n'a eu à sa disposition pour son travail que des manuscrits défectueux, fait partir El Aiachi de son pays le jeudi, 1er Rebiâ second 1073 et donne comme correspondance de cette date hégirienne le 2 novembre 1662.

Il y a là une double erreur. D'abord, le 1er Rebiâ, second 1073, concorde avec le lundi, 13 novembre 1662. En second lieu, ce n'est pas en 1073 qu'El Aiachi entreprend son voyage, mais en 1072. La date de son départ qui a bien lieu le 1er Rebiâ second, correspond au jeudi, 24 novembre 1661.

El Aiachi ne reprend pas immédiatement, après sa visite aux lieux saints, la route du Mar'reb. Il séjourne sept mois et demi à Médine, fait de cette ville un autre pèlerinage à la Mekke, visite ensuite Jérusalem et repart d'Alexandrie à destination de Tripoli.

---

(1) *Cast. Beni Hassan* figure dans El Edrisi, comme étant à 17 milles de Lebda, dans la direction de Mes'rata. (Edrisi, p. 154 de la traduction de Dozy et de Goeje).

Il profite de cette longue station dans le H'edjaz pour étudier complètement le pays et, avec l'esprit de minutieuse observation qui le caractérise, il donne sur la topographie, les mœurs, les personnalités, l'état de la science de cette partie de l'Arabie des renseignements qui offrent à tous les points de vue le plus grand intérêt.

Son itinéraire détaillé de Tripoli au Caire a servi de modèle à Moulay Ahmed et El Ourtilani qui reproduisent souvent des pages entières de sa relation sans y changer un seul mot.

De Tripoli jusqu'au fond du golfe de la grande Syrte et à *Adjedabia*, il suit la même route qu'El Abderi. A partir de Solouk, il marche directement par le Sud du *Djebel El Akhdhar* sur *Et-Temimi*, au fond du golfe de Bomba qui marque à peu près la limite entre l'ancienne Cyrénaïque et la Marmarique.

D'Et-Temimi, il longe la côte, à distance plus ou moins rapprochée de la mer, jusqu'à *El Omeïdateïn* (K's'ar Lamaïd) et va en droite ligne jusqu'au Caire.

J'ai cru devoir joindre aux itinéraires d'aller de chacun de nos voyageurs les itinéraires de retour. On y trouvera des répétitions qui pourraient paraître inutiles, mais aussi des indications nouvelles sur la route suivie par les pèlerins à des époques différentes de l'année.

Les trois itinéraires d'El Aiachi, Moulay Ah'med et El Ourtilani se contrôlent et se complètent les uns par les autres.

De Tripoli au Caire

SAMEDI, 27 REDJEB 1072 (18 MARS 1662)

Départ de Tripoli. Ce même jour, six navires de guerre appartenant à l'émir et portant près de deux mille combattants quittent le port pour aller en course contre les infidèles. El Aiachi et ses compagnons voient là un heureux présage pour leur voyage.

En quittant Tripoli, les pèlerins ont l'habitude d'aller passer la première nuit à *Tadjoura* (تاجورا), mais la caravane étant déjà en retard, on dépasse cette station de plusieurs milles et on va camper pour la nuit à *Sedrat El Achar* (سدرات العشار), au bord de la mer.

DIMANCHE, 28 REDJEB (19 MARS)

La caravane traverse l'*Oued Er-Remel* (وادى الرمل), vallée très fertile dans le haut de laquelle se trouvent des cultures et où les gens de Tripoli et du Sah'el font paître leurs troupeaux au printemps. Souvent même les pèlerins, quand ils prolongent leur séjour à Tripoli, y envoient leurs chameaux sous la garde de bergers.

Elle coupe ensuite ce même jour l'*Oued El Msid* (وادى المسيد), semblable et même supérieur au précédent comme abondance de pâturages. On y trouve toujours de l'eau, été et hiver. La rivière devient même très grosse à l'époque des pluies, parce qu'elle reçoit dans son cours supérieur les eaux des montagnes de Mesellata.

Campé pour la nuit à plusieurs milles au delà de l'*Oued El Msid.*

LUNDI, 29 REDJEB (20 MARS)

Passage à l'*Oued Younout* qui descend des montagnes de *Mesellata* auprès duquel se trouvent des cultures. L'eau y est peu abondante et les pèlerins ne s'y abreuvent qu'en cas de nécessité ; on la trouve à droite de la route, en pénétrant un peu dans la montagne. On marche toute cette journée à travers un terrain fertile, boisé, coupé par des ravins difficiles à franchir.

La caravane établit son campement de nuit, au pied du *Djebel En-Neggaza* (جبل النقازة), au bas de la montée. Elle trouve de l'eau laissée par les torrents dans un barrage parfaitement construit, ainsi que d'excellents pâturages et du bois en quantité. Les pèlerins achètent là à des gens de Mesellata une huile semblable à du beurre, à très bon marché. Cette huile fabriquée d'une façon toute spéciale est, dit-on, pressée avec de l'eau.

MARDI, 30 REDJEB (21 MARS)

On franchit le *Djebel En-Neggaza* qui est la dernière montagne de cette région. C'est le point extrême de l'immense et remarquable chaîne qui n'a pas sa pareille dans le monde comme longueur et largeur. Il n'en est pas de plus fertile, de plus riche en eaux, de plus peuplée, surtout par les tribus berbères. Cette chaîne part de la mer environnante (Océan Atlantique), aux confins du *Sous El Ak's'a*, passe au Sud de *Maroc* où elle porte le nom de *Djebel Deren* (جبل د رن), traverse le pays des *Aït Aiach* (tribu à laquelle appartient El Aiachi), se rapproche de la mer dans la région de Tlemcen, court ensuite le long du littoral, en s'en éloignant cependant quelquefois sous des noms différents et en formant de nombreuses ramifications qui prennent des dénominations variées, puis vient finir en ce point (*Djebel En-Neggaza*), à la limite occidentale du pays de Bark'a.

L'auteur du *Tek'ouin El Boldan* dit que cette chaîne se termine à cinq journées d'Alexandrie. Il semble y englober tout le pays de *Bark'a* et le *Djebel El Akhdhar*, parce que la région de Bark'a est plus élevée que le Fezzan et se prolonge jusqu'à cinq étapes d'Alexandrie. El Aiachi pense qu'il est dans le vrai en indiquant, avec d'autres auteurs, le *Djebel En-Neggaza* comme le point extrême de cette chaîne.

Dans la partie de cette montagne traversée par la caravane, on voit les ruines de nombreuses constructions.

Au pied du versant qui touche à *Sah'el H'amed* (ساحل حامد), se trouve une ville considérable appelée *Lebda* (لبدة, Leptis), ruinée depuis des siècles.

Les restes de cette cité, où l'on voit des constructions énormes, des monuments considérables et, à l'intérieur, des tours bâties en pierres de taille avec la plus grande solidité, ont été en grande partie envahis par la mer.

Partout où s'étend la vue, on aperçoit, au sommet des hauteurs, des tours qui se font face, ce qui fait supposer que tout ce qu'elles englobaient dans leur pourtour ne formait qu'une ville jusqu'à la mer.

Des colonnes de marbre et d'autre pierre s'élèvent dans la mer, entourées par les eaux. Il est donc hors de doute qu'une partie de la ville a été envahie et détruite par la mer.

On transporte à Tripoli, au Caire et ailleurs des quantités de piliers en marbre.

On dit que cette ville fut bâtie par Dak'ious (دقيوس) et qu'après la mort de ce prince elle devint la capitale d'une reine appelée Roumia.

D'autres racontent que Nemrod, trois ans après avoir fondé Damas, envoya son fils dans l'Occcident avec mission d'y bâtir une ville. Ce fut lui qui construisit *Lebda* et y amena les eaux de l'*oued Kâam* (وادي كعام), par un aqueduc dont on voit encore des traces remarquables entre la rivière et la ville. Mais cet oued ne donne plus actuellement qu'une eau peu abondante et fort mauvaise.

Les habitants du pays prétendent que cette eau était abondante et douce à l'époque de la fondation de la cité. C'est lorsqu'elle commença à devenir salée que la population émigra.

Quoi qu'il en soit, cette ville était déjà en ruines quand El Abderi y passa. Il est probable qu'elle a été détruite avant l'Islam, puisque les ouvrages qui relatent la conquête de l'Ifrik'ia n'en font pas mention.

Un habitant du pays raconta à El Aiachi la légende suivante :

Une mortalité inexplicable s'étant produite dans l'Armée du fondateur de *Lebda*, celui-ci, voulant en rechercher les causes, fit ouvrir le ventre des morts. On trouva dans leur cœur un ver qu'on essaya en vain de tuer en employant différentes drogues.

Après avoir épuisé tous les moyens, on eut l'idée de verser sur l'un de ces vers de l'huile qui avait été apportée de la Syrie dans une fiole. Une seule goutte le fit périr. Le fils de Nemrod, reconnaissant alors que l'huile était le remède au mal qui désolait son armée, fit venir des plantes d'oliviers de la Syrie et ordonna d'en couvrir la région depuis Mesellata jusqu'à Tunis.

Après avoir descendu la pente de la montagne, la caravane campe à *Sah'el H'amed,* grande ville, où se trouvent de nombreux palmiers et oliviers ainsi que des jardins arrosés par des sanias. Les dattes que produit cette partie du Sah'el sont détestables ; on ne peut les conserver qu'en en extrayant le noyau. Elles ne forment plus alors qu'une sorte de peau, sans saveur ni douceur, et ressemblent presque à l'écorce des arbres.

A cette étape, dans la nuit du mardi au mercredi, apparaît la nouvelle lune, marquant le premier jour du mois de Châban.

El Aiachi visite auprès du *Sah'el H'amed* le tombeau du vénéré *Sidi Meftah'*, situé sur une hauteur, au bord de la mer.

MERCREDI, 1er CHABAN (22 MARS)

Départ de *Sah'el H'amed*. On passe non loin de cette localité à l'*Oued Tarer'lat* (وادي تارغلات), où l'on voit les vestiges d'une *sania* et de canaux qui amenaient à la ville les eaux d'une source appelée *Aïn Kâam*, d'un travail remarquable. Ils sont creusés dans des pierres de quatre coudées, dures comme du silex.

On reste stupéfait devant de pareils travaux et on reconnait que le temps qui a fait disparaître des hommes capables de telles choses peut tout détruire.

Campé ce même jour à *Zèliten* (زليتن), bourg qui a comme le précédent des palmiers et des jardins, mais moins considérable.

La caravane installe son campement auprès de la zaouia de Sidi Abd Es-Selam El Asmer, saint personnage de la dixième centaine de l'hégire, originaire des *Fouater* (الفواتر), mais fils d'une femme de l'*Oued Dra*.

JEUDI, 2 CHABAN (23 MARS)

Départ de *Zeliten*. Campé au delà du premier K's'ar de *Mes'rata*.

VENDREDI ET SAMEDI, 3 ET 4 CHABAN (24 ET 25 MARS)

Arrivée, le matin du vendredi, à la zaouia du Cheikh célèbre, Aboul Abbas Ah'med ben Ah'med Zerrouk' El Branesi El Fasi. L'acte de partage de la succession de ce vénéré personnage communiqué à El Aiachi porte la date des premiers jours de Doul H'idja 913 de l'hégire (avril 1509).

La caravane séjourne à la zaouia le vendredi et le samedi.

DIMANCHE, 5 CHABAN (26 MARS)

Passé au dhouh'a (moment de la matinée où le soleil est déjà haut sur l'horizon), à *K'sar Ah'med* (فصر احمد), dernier point habité de cette région sur la route que suivent les pèlerins jusqu'à Alexandrie. On visite le tombeau de *Sidi Bou Châïfa* (ا بو شعيعة), puis une grotte très élevée dominant la mer qui a, dit-on, été ouverte par *Sidi El Feredj* (سيدي العرج), dont le tombeau est actuellement dans la région d'Alger (Sidi-Ferruch).

On entre alors dans la région déserte de *Bark'a*.

Après avoir passé à *El Ariâr* (العريعر), point où l'on trouve de l'eau excellente, entre la sebkha et la mer, on installe le campement de nuit auprès d'une autre aiguade, appelée Bou Koudia (ابو كدية) en face de *Taourr'a* (تا ورغا, Taourgha), entre ce bourg et la mer. Taourr'a est isolée à l'entrée du pays de *Bark'a* ; on y voit de nombreux palmiers, dont les dattes, sans être bonnes, sont cependant meilleures que celles du Sah'el, ce qui tient à la situation déjà saharienne de cette localité.

LUNDI, 6 CHABAN (27 MARS)

On campe pour la nuit près de la *Haïcha*.

MARDI ET MERCREDI, 7 ET 8 CHABAN (28 ET 29 MARS)

On traverse la *Haïcha*, sebkha allongée, sur les côtés de laquelle on aperçoit des châteaux en ruines et quelques palmiers dispersés dont la vue serre le cœur du voyageur qui se prépare à affronter les solitudes désolées qui sont en avant. Ils se dressent là comme des têtes de diables, marquant le point extrême des régions peuplées. Par contre, ils réjouissent l'âme du pèlerin à son retour, car ils lui annoncent la fin de ses souffrances et le retour à la vie.

L'eau de la *Haïcha* est salée et amère ; elle est passée en proverbe chez les pèlerins. On n'en trouve pas de plus détestable dans le pays de Bark'a, sauf à quelques aiguades où l'on se dispense de s'abreuver. C'est une eau croupissante que l'on trouve en de nombreux points de la *sebkha*, entourés de roseaux. En certains endroits, elle est plus mauvaise qu'en d'autres.

On traverse à la fin de la *Haïcha* une rivière salée, où le sel forme des dépôts qui ne sont ni solides ni liquides.

La caravane campe à Dour *H'assan* (دور حسان).

JEUDI, 9 CHABAN (30 MARS)

On passe à *H'assan*, bassin creusé dans la pierre, où s'amassent les eaux de pluie. Même quand il est vide, il laisse suinter quelques gouttes qui peuvent rafraîchir la bouche du voyageur altéré.

A côté de ce bassin, on voit des bourgs ruinés dont il ne reste que des vestiges. On les appelle *K's'our H'assan*, du nom de celui qui les a construits.

Ce personnage (Hassan ben En-Nôman), avait été nommé emir de l'Ifrik'ia par les Ommyades. Quand, à la fin du Khalifat des Beni Merouan, les habitants secouèrent le joug des musulmans, il se retira pendant trois ans en cet endroit et y bâtit ces bourgs. C'est de là qu'il partit pour reconquérir l'Ifrik'ia.

Ce même jour, la caravane passe la nuit dans les environs, auprès d'une sania qui marque le premier point de la province de *Sort*.

VENDREDI, 10 CHABAN (31 MARS)

On va ensuite camper à *Ez-Zâfran* (الزعفران), aiguade formée par plusieurs puits de bonne eau, au bord de la mer, marquée par des dunes de sable rouge qu'on aperçoit de loin. Derrière ces dunes, du côté de la terre, sont les trois K'sour de *Sort*, où les Arabes emmagasinent leurs provisions. Ils étaient presque déserts avant cette année. El Aiachi y a trouvé une petite population laissée à la garde des magasins.

La région de *Sort* est très fertile ; les cultures bien arrosées par les pluies y sont nombreuses. Les Arabes du pays étaient riches ; mais la tyrannie les a dispersés. Ils commencent actuellement à se réorganiser un peu sous la direction de leur chef, Seyd Rouh'ou (سيد روحه).

SAMEDI, 11 CHABAN (1er AVRIL)

On passe la nuit à un point appelé *Amkirina* (امكيرينة), près d'un puits profond.

DIMANCHE, 12 CHABAN (2 AVRIL)

Passé à l'aiguade d'*El Modeïna* (المدينة), au bord de la mer, puis à une autre appelée *Oumm Es-Solt'an* (أم السلطان). Campé pour la nuit en face de l'aiguade d'*En-Nâïm* (النعيم).

Les pèlerins reçoivent là la visite du chef des Arabes de *Sort*, Abd El K'ader ben Abd Allah, surnommé Seyd Rouh'ou, qui commande aux habitants de *Sort* et aux Arabes de toute la région jusqu'au *Djebel El Akhdhar*. Ces gens se disent soumis à l'autorité de l'émir Othman, mais en réalité, ils sont indépendants. Ils possèdent des maisons et des terres à Sah'el H'amed.

LUNDI, 13 CHABAN (3 AVRIL)

Passé au dhouh'a à *El Ah'mar* (الأحمر).

On fait une provision d'eau de cinq jours afin de pouvoir atteindre *El Menâm* (المنام). Les pèlerins désignent d'habitude ces étapes sous le nom de *Mek't'â El Kebrit* (مقطع الكبريت, le gué du soufre), bien qu'en réalité il n'y ait qu'un seul point qui porte ce nom. Dans ce trajet, on trouve de nombreuses aiguades ; mais, comme l'eau y est quelquefois peu abondante et saumâtre, les caravanes préfèrent emporter une réserve d'eau plus potable.

Passé ce même jour à l'aiguade d'*El Aouidja* (العويجة) ; campement de nuit à *Ech-Chegga* (الشقة) où l'eau est détestable et chaude. Les pèlerins disent en manière de proverbe : « Cent tisons ardents plutôt qu'une gorgée de l'eau d'*Ech-Chegga* ».

MARDI, 14 CHABAN (4 AVRIL)

Passé auprès des cultures des *Ouled Sidi Nas'er*, marabouts qui font bon accueil aux pèlerins. Ces malheureux placés entre les Arabes de *Sort* et ceux de *Bark'a* sont exposés à toutes les déprédations. Ils sont cependant plus tranquilles depuis que Seyd Rouh'ou tient les nomades de la région dans sa main.

La tyrannie, le brigandage et l'injustice ont fait du pays de *Bark'a* un désert. On pouvait marcher autrefois dans cette région pendant deux mois jusqu'à Alexandrie, à travers des terres partout peuplées, comme l'attestent les ruines qu'on y rencontre à chaque pas. Au moment de l'Islam, le pays était encore prospère. Il commença à se dépeupler à cette époque. Lorsque les Arabes des tribus de Hilal quittèrent l'Egypte pour se répandre dans l'Occident, ils s'emparèrent des bourgs et ruinèrent complètement le pays.

Passé ce même jour à une sania pleine en face d'*El Ihoudia* (اليهودية, la Juive), puis campé à une autre près d'un r'edir.

El Ihoudia se compose de vestiges de nombreux bourgs voisins les uns des autres. Les ruines considérables amoncelées en cet endroit indiquent qu'il y avait là un peuplement important. D'après une légende qui a cours parmi les pèlerins, cette ville aurait appartenu à une reine juive qui commandait à une quantité de soldats et de cavaliers. Ce qu'il y a de certain, c'est que l'auteur de la *Risala El K'achiria* (1) dit être entré une fois dans une ville appelée El Ihoudia. El Aiachi ajoute qu'il ne connaît pas d'autre localité de ce nom dans le Mar'reb.

MERCREDI, 15 CHABAN (5 AVRIL)

Départ et passage à *K's'ar El At'ich* (قصر العطيش), puis à l'aiguade d'*El Koh'eila* (الكحيلة). Campement de nuit au delà de ce point.

JEUDI, 16 CHABAN (6 AVRIL)

Passage vers la fin de la journée à *Oumm El R'aranik'* (ام الغرانيق), aiguade dont l'eau est aussi salée que l'eau de mer. Campé pour la nuit, en avant, dans la Sebkha de *Mek't'â El Kebrit*, ainsi nommée parce qu'il existe dans le haut de cette Sebkha un gisement de soufre, que l'on recueille dans plusieurs puits sous forme de blocs argileux. On en transporte à Tripoli, au Caire et à Alexandrie.

Les chameliers loués qui accompagnent les pèlerins ont l'habitude de devancer la caravane d'un jour pour aller charger de soufre en ce point leurs bêtes disponibles. Ils rejoignent ensuite à *El Menâm*.

VENDREDI, 17 CHABAN (7 AVRIL)

Départ et campement à *El Menâm*, puits de bonne eau qui se trouvent au bord de la mer au milieu des dunes de sable. Il est rare de ne pas trouver d'Arabes nomades en cet endroit.

---

(1) L'auteur de cette Risala, qui est le code du soufisme, est Aboul K'asem Aba El Kerim ben Haouazin, mort en 465 de l'hégire (1072-1073 après J.-C.)

SAMEDI ET DIMANCHE, 18 ET 19 CHABAN (8 ET 9 AVRIL)

A partir de ce point, la caravane prend un peu à droite de la mer. Elle campe deux nuits en des points non nommés.

LUNDI, 20 CHABAN (10 AVRIL)

Le troisième jour elle atteint *Adjedabia*, déjà à distance de la mer qu'on ne rejoindra plus qu'à *Et-Temimi*.

On reconnait à Adjedabia (1) les traces d'un grand peuplement. On y voit d'énormes puits creusés dans le roc, des constructions étonnantes en pierres de taille et les ruines d'une ancienne mosquée sur laquelle est gravée la date de l'année 300 (2). On dit que l'iman *Sah'noun* fut professeur dans cette mosquée pendant trois ans.

El Aiachi se demande si ce n'est pas à *Adjedabia* qu'il faudrait placer l'ancienne ville de *Bark'a*, nommée par certains auteurs. Il pense cependant qu'il serait préférable de l'identifier avec une ville ruinée qui se trouve, d'après ses renseignements, au pied du *Djebel El Akhahar*, au bord de la mer. Cette ville, dont les ruines, remparts, châteaux et débris de marbre attestent l'importance renfermerait, au dire des gens du pays le tombeau d'un prophète. El Aiachi croit qu'il s'agit, non d'un prophète comme le dit la masse ignorante, mais d'un compagnon du prophète. Or, on sait qu'un compagnon du prophète, Rouifâ ben Thabet El Ans'ari En-Nedjari, mourut à *Bark'a* et y fut enterré. Un autre personnage qui mérite le même titre, Zoheir ben K'aïs, fut aussi tué à *Bark'a*. Si l'on admet que le tombeau en question est bien celui d'un compagnon du prophète, c'est la ville où il se trouve qui est l'ancienne *Bark'a*, plutôt qu'*Adjedabia* — car celle-ci se trouve déjà dans le désert et l'autre mérite plutôt le nom de ville, en raison de l'importance de ses ruines, de ses eaux abondantes et de la nature de la région où elle est située.

Adjedabia et cette ville sont du reste toutes deux à un mois de marche de l'Ifrik'ia et de l'Egypte.

D'autre part, les Arabes de la région n'appellent Bark'a que le pays s'étendant d'*El Menâm* à *Solouk*, où l'on voit partout des ruines. C'est par usage que l'on étend cette dénomination au ter-

---

(1) L'édition de Fez porte partout El Djabia الجابية, au lieu de la vraie leçon Adjedabia.

(2) D'après El Bekri, cette mosquée aurait eu pour fondateur Aboul K'asem El K'aïm, fils d'Obeïd Allah, 2me souverain de la dynastie fatimide.

ritoire qui se trouve plus loin. Cette circonstance apporterait un argument en faveur de l'identification de *Bark'a* avec *Adjedabia*.

El Aiachi ajoute qu'on voit auprès de la Mosquée d'*Adjedabia* un tombeau entouré de pierres, objet de visites pieuses qui est celui de Sidi Iounès, des Arabes *El Fouakher*.

MARDI, 21 CHABAN (11 AVRIL)

Départ d'*Adjedabia*. Campement de nuit sans nom.

MERCREDI, 22 CHABAN (12 AVRIL)

Passé près d'une grande citerne contenant un reste d'eau. Campé près d'un bas fond rempli d'eau de pluie.

JEUDI, 23 CHABAN (13 AVRIL)

Arrivée au dhouh'a à *Solouk* (سلوك), puits nombreux et semblables à ceux d'Adjedabia, mais peu abondants par rapport à ces derniers.

El Aiachi rappelle que lors de son voyage en 1059 (1649) à l'époque des chaleurs, sa caravane eut beaucoup de peine à s'abreuver en ce point. Elle dût faire séjour pour se satisfaire.

Cette aiguade est la dernière du vrai pays de *Bark'a* qu'on appelle *Bark'a El H'amra*.

On est là en vue du *Djebel El Akhdhar*.

Campement de nuit en cet endroit.

Les Arabes, qui avaient profité du voyage des pèlerins pour aller à *Benghazi*, quittent la caravane à *Solouk* pour gagner cette ville qui est à une journée de marche.

Benghazi est un beau port, au pied du *Djebel El Akhdhar*, sous l'autorité d'un gouverneur dépendant de Tripoli. C'est là que viennent se déverser toutes les richesses du Djebel qui est le plus fertile pays qu'on puisse voir. Le beurre, le miel, le suif, les viandes grasses sont chargés là sur des navires et transportés à Tripoli, Djerba et autres villes voisines.

En 1059, au moment de la grosse chaleur, El Aiachi pénétra dans le *Djebel Lakhdhar* et y fit quelques achats aux habitants à un bon marché incroyable. Ils échangeaient alors des quintaux de beurre contre des étoffes et des menus objets, ne connaissant pas la valeur de l'argent. Ils n'obéissaient à aucune autorité et se bornaient à envoyer quelques présents au gouverneur d'*Aoudjila*. Ils paient maintenant le *Kharadj* à Tripoli. Les négociants de cette ville et de *Mes'rata* fréquentent la région pour y acheter des moutons, des chameaux, des bœufs, de la laine et du beurre, en sorte que les habitants ont appris à connaître la valeur des marchandises.

Ils n'ont de musulmans que le nom.

En dehors de l'élevage de leurs bestiaux, ils ne connaissent que le pillage et le brigandage ; il est rare que les pèlerins n'aient pas maille à partir avec eux. Mais, chose singulière, ils ne connaissent pas le vol nocturne et ne se prennent jamais rien entre eux. Si les étrangers doivent se tenir en garde contre eux dans le jour, ils peuvent dormir tranquilles la nuit.

Les récits relatifs au bon marché des denrées diverses, à la fertilité du pays, à la vente par les habitants du Djebel de leurs filles et de leurs sœurs sont trop connues pour être rapportées.

Le *Djebel El Akhdhar* s'étend sur une longueur de dix journées de marche du côté de la mer et de sept journées du côté opposé.

La plupart des arbres qui boisent la région vue par El Aiachi sont des *ârârs* (genévriers de Phénicie).

Ils forment des fourrés si impénétrables qu'il faut pour traverser la forêt suivre des chemins tracés ou des ravins découverts — sinon, il est impossible d'en sortir, surtout avec une monture.

Malgré cela, on ne trouve pas de lions dans cette région. Les pèlerins prétendent qu'il en existait, mais qu'à la suite d'une malédiction lancée contre eux par Si Abou Moh'ammed S'alah' qui voulait préserver les voyageurs pieux de leurs attaques, ils ont disparu.

Les habitants de cette montagne se servent de leurs bœufs comme montures ; ils les chargent de palanquins et les font agenouiller ou relever au simple commandement, à la façon des chameaux.

Ils ne poussent pas leurs moutons devant eux. Le berger marche en tête du troupeau qui règle son allure sur la sienne. On voit quelquefois un homme venir au marché avec un seul mouton qui le suit comme un chien.

VENDREDI, 24 CHABAN (14 AVRIL)

Départ de *Solouk*, en évitant le passage par la montagne en raison des difficultés de la route et des mœurs pillardes de ses habitants.

La caravane prend à droite le chemin de *Seroual* (السروال), désert où l'on marche sept jours sans trouver aucune eau que celle laissée par les pluies dans les bas-fonds.

Campé pour la nuit au pied de la montagne.

SAMEDI, 25 CHABAN (15 AVRIL)

A la demande de plusieurs pèlerins notables, la caravane ne marche que jusqu'au dhouh'a et s'arrête pour le reste de la journée et pour la nuit.

DIMANCHE, 26 CHABAN (16 AVRIL)

On laisse la montagne à gauche ; on passe au dhouh'a à un grand r'edir appelé *El Khat'at'if* (الخطاطيف) et on campe pour la nuit à *El Kharrouba* (الخروبة), où l'on trouve de l'eau.

LUNDI, 27 CHABAN (17 AVRIL)

On arrive au moment de l'*âs'er* à l'*Oued Samalous* (وادي سمالوس), où l'on trouve un grand r'edir. On passe la nuit à cet endroit où les Arabes du Djebel viennent vendre des vivres aux pèlerins.

MARDI, 28 CHABAN (18 AVRIL)

La caravane traverse au dhouh'a plusieurs oueds descendant du *Djebel El Akhdhar*, pleins d'eau et d'herbe, où les chameaux trouvent largement de quoi se refaire. Elle pousse sa marche jusqu'à la nuit. On rencontre à l'étape un convoi d'Arabes apportant des dattes de *Syouah*. Les pèlerins en font une ample provision en vue du mois de Ramadhan.

Les dattes de *Syouah* sont excellentes ; elles ressemblent comme goût et couleur à celles du Tafilalet ; mais elles sont plus propres parce qu'on les transporte dans des paniers en feuilles de palmier munis d'attaches que l'on suspend aux bâts des chameaux. Elles se conservent intactes et ceux qui les achètent n'ont pas besoin de les mettre dans d'autres récipients pour les emporter. Il serait à désirer que les habitants du Mar'reb en fissent autant (1).

MERCREDI, 29 CHABAN (19 AVRIL)

La caravane arrive vers midi à *K's'ar El Mekhili* (قصر المخيلي) (2)

---

(1) Ef. sur ce sujet, R. Basset, le dialecte de Syouah 1890. Paris, p. 48 et 49.

(2) Ce nom est écrit une première fois sous la forme *Mekhilef* et dans l'itinéraire de retour, il figure avec la version Mekhili. Le manuscrit de Moulay Ah'med porte également Mekhilef. Je crois qu'il faut s'arrêter à l'orthographe

où elle trouve de l'eau en abondance dans un bassin. Il existe également à cet endroit deux réservoirs voisins l'un de l'autre, bâtis solidement en pierres, ayant chacun cent coudées de long, sur autant de large. Ils sont placés au débouché de ravins dont ils reçoivent les eaux.

Ce K's'ar est une des ruines les plus remarquables de cette région. On y voit encore les vestiges d'une mosquée et d'un minaret. Mais il n'y a pas d'eau vive et il serait à désirer qu'on se préoccupât de creuser un puits en cet endroit, éloigné de toute aiguade sûre.

On campe au delà, au coucher du soleil.

Dans cette nuit du mercredi au jeudi, apparaît la nouvelle lune qui marque le commencement du mois de Ramadhan.

JEUDI, 1er RAMADHAN (20 AVRIL)

Campé près d'El K'ariat (الغريات), bourg ruiné, dominant une grande rivière, où l'on trouve de vastes réservoirs pour l'eau de pluie.

VENDREDI, 2 RAMADHAN (21 AVRIL)
SAMEDI, 3 RAMADHAN (22 AVRIL)

La caravane installe au dhouh'a ses campements dans le voisinage d'*Et-Temimi* (التميمي).

Elle ne pousse pas jusqu'à cette aiguade dont l'eau est saumâtre ayant trouvé de l'excellente eau de pluie en amont de l'Oued, dans des roches creusées et des réservoirs naturels.

Les gens de *Derna* viennent vendre là aux pèlerins de la viande grasse et du kouskous en quantité.

La ville de *Derna* (درنة) est située au bord de la mer, à un jour et demi de marche d'*Et-Temimi,* dans la direction de l'Ouest.

Elle était en ruines depuis longtemps quand elle fut repeuplée vers 1040 de l'hégire (1630-1631), par des Maures Andalous.

Devenus plus tard insolents, ils firent la guerre à l'émir de Tripoli qui les chassa de *Derna* après avoir tué des centaines de leurs notables.

Mekhili donnée dans une carte de Pacho. El Bekri signale à cinq journées d'Adjedabia un château situé à l'Ouadi Makhil qui a une mosquée et un marché bien fréquenté, K's'ar alimenté par des citernes, mais n'ayant pas une seule source d'eau. Il s'agit évidemment du K's'ar indiqué par El Aiachi. El Edrisi place l'Oued Makhil sur la route de Bark'a à Alexandrie, à 150 milles de la grande Ak'aba.

La ville est actuellement sous l'autorité d'El H'adj Mah'moud, gouverneur dépendant de Tripoli qui administre également les Arabes du Djebel.

Le port de *Derna* est excellent. Il est fréquenté par des navires venant d'Alexandrie, de Tripoli, du pays des Grecs et surtout de l'île de Candie qui est en face, à une journée de navigation.

La vie est très facile à *Derna* où l'on trouve à la fois les avantages de la ville et ceux de la campagne.

La caravane fait séjour à l'Oued Et-Temimi.

DIMANCHE, 4 RAMADHAN (23 AVRIL)

Laissant à gauche l'aiguade d'*Et-Temimi*, on atteint vers midi *Aïn El R'ezal* (عين الغزال), source de bonne eau, légèrement salée, qui s'écoule dans un lac séparé de la mer, tout entouré de roseaux. C'est la seule eau jaillissante du pays de *Bark'a*.

On dépasse ce point de quelques milles et on campe sur une excellente terre où l'on voit des limites séparant des labours et à côté des traces de constructions. A droite sont des ravins descendant de la montagne dont les eaux au moment des pluies devaient irriguer ces cultures.

LUNDI, 5 RAMADHAN (24 AVRIL)

On laisse à gauche du chemin une grotte taillée dans la pierre dure en forme de maison, ayant 20 coudées de long sur autant de largeur. A l'intérieur se trouve une autre pièce moitié moins grande et des chambrettes qui semblent destinées à servir de magasins pour les provisions. La porte est taillée en carré très régulier, et l'on voit auprès d'elle une large niche également taillée dans le roc.

El Abderi a donné une description remarquable de ce travail (1).

La caravane, prenant à droite, s'écarte de *Defna* (دفنة) et va passer la nuit à un endroit nommé *El Medouer* (المدور), où se trouvent de nombreux réservoirs pour les eaux de pluie.

(1) El Aiachi se trompe. La grotte décrite par El Abderi se trouve à l'Est des ruines de Cyrène, près du K's'ar Es'-S'âfena.

Celle signalée par El Aiachi paraît être une des excavations taillées signalées par Pacho (p. 50), dans le voisinage de l'Ouadi Sedd, à *Megharat El Heabès*. (Voyage dans la Marmarique et la Cyrénaïque).

MARDI, 6 RAMADHAN (25 AVRIL)

On installe le campement de nuit en face de *Defna* aiguade qui se trouve au bord de la mer et par laquelle passent les pèlerins dans la saison d'été quand ils ne peuvent compter sur les eaux de pluie.

MERCREDI, 7 RAMADHAN (26 AVRIL)

On passe à un endroit appelé *El Aridh* (العريض), où l'on voit une citerne et des labours. La caravane franchit la pente d'*El Ak'aba* et campe sur le plateau d'El Ak'aba.

JEUDI, 8 RAMADHAN (27 AVRIL)

On continue la marche sur le plateau d'El Ak'aba, terrain absolument plat où l'on ne voit que les vestiges de constructions anciennes et quelques traces de cultures. Campé au commencement de l'*Ak'aba El Kebira.*

Sur le plateau franchi, se trouve le tombeau de *Sidi Azir*, des arabes de Samalous. Les nomades ont l'habitude de venir visiter son tombeau avec leurs chameaux et leurs moutons qu'ils font passer là entre deux tertres. Ils prétendent que cette pratique les préserve de tout fléau pour l'année. Certains pèlerins en font autant.

D'après l'usage des gens du pays, la région de *Bark'a* se subdivise de la manière suivante :

1° De *H'assan* à deux jours au delà d'*El Ah'mar* elle s'appelle *Sort ;*
2° De là aux environs d'*El Mendm, Bark'a El Beïdha ;*
3° De là à *Solouk, Bark'a El H'amra* ;
4° De *Solouk* à *Et-Temimi, Djebel El Akhdhar ;*
5° D'*Et-Temimi* à *El Ak'aba El Kebira*, *El Bat'han* ;
6° De l'*Ak'aba El Kebira* à l'*Ak'aba Es'-S'r'ira*, *Beïn El Aïk'ab.*

C'est ensuite l'*Ak'aba Es'-S'r'ira* jusqu'à Alexandrie.

El Abderi donne une autre division qui était en usage de son temps.

VENDREDI, 9 RAMADHAN (28 AVRIL)

La caravane part de *Foum El Ak'aba* et descend la pente difficile qui domine la mer. Elle campe ce jour là à l'aiguade de *Bak'bou* (بقبو), nombreux puits dans un sable blanc, signalés par une dune également très blanche qui apparaît de loin comme une colline de neige.

El Aiachi rappelle que lors de son voyage en 1064, il vit près de cet endroit dans le golfe difficile appelé *Djoun El Ak'aba* (1) (جون العقبة), un navire chrétien échoué.

Un matelot de ce navire, vêtu comme un musulman et parlant très bien l'arabe fut rencontré plus loin par les pèlerins, et se joignit à la caravane en se faisant passer pour un habitant de l'Ifrik'ia. Il fut bien traité pendant le voyage, mais en arrivant à Alexandrie, il s'empressa de rejoindre les navires chrétiens qui étaient dans ce port. Personne ne s'était douté de sa supercherie et tout le monde l'avait pris pour un musulman.

Les débris de ce navire existaient encore lors du dernier voyage d'El Aiachi.

SAMEDI, 10 RAMADHAN (29 AVRIL)

On part de *B'abk'ou* et l'on campe pour la nuit près d'une aiguade appelée *K'othbal* (قثبل).

DIMANCHE, 11 RAMADHAN (30 AVRIL)

On passe la nuit à une aiguade appelée *Chemmas* (شماس) à proximité de laquelle s'en trouve une autre, *El Fouar* (الفوار). Dans ces deux étapes on rencontre des ruines de constructions tellement rapprochées qu'on ne peut franchir un mille sans en apercevoir.

LUNDI, 12 RAMADHAN (1er MAI)

La caravane passe à l'aiguade de *H'alk' Ed-Dhebâ* (حلق الضبع), non loin de la précédente, où l'on trouve de la bonne eau et au-dessus, au pied d'une montagne un grand r'edir qui est presque toujours rempli par les pluies.

On campe à *K'abr-El As'i* (قبر العاصي), près de tombeaux marqués par des pierres et des morceaux de bois.

MARDI, 13 RAMADHAN (2 MAI)

On passe à *El Abdia* (العبدية), grand puits construit en pierres, au pied d'une montagne. On n'arrive dans le bas-fond où il se trouve

(1) Indiqué sur les cartes sous le nom de golfe de Selloum.

qu'en descendant une pente extrêmement difficile qui mériterait plutôt la dénomination d'*Ak'aba Es-S'r'ira* que l'endroit qui porte ce nom. Mais les voyageurs qui suivent le chemin de la pleine terre, sur la droite, sont obligés de passer à l'Ak'aba, en sorte qu'elle est plus connue. Quant au puits d'*El Abdia*, il est au bord de la mer, et n'est fréquenté que par les voyageurs qui longent le littoral.

Près d'*El Abdia* est une autre aiguade, *El Mot'aïrih'* (المطيريح), formée par de nombreux puits peu profonds. Le bas-fond dans lequel ils se trouvent est dominé par un monticule dans lequel est creusée une chambre semblable à celle signalée à *El Bat'nan*, mais plus petite. Les puits d'*El Mot'aïrih'* sont au milieu d'un véritable fourré de *Guet'of* (atriplex halimus).

La caravane campe vers midi à *El Met'rouh'* (المطروح), autre aiguade où l'on abreuve les chameaux, qui n'avaient pas bu d'eau vive depuis Tripoli et même avant, parce qu'ils trouvaient partout des pâturages frais. Lorsqu'ils ont une nourriture humide, les chameaux peuvent rester très longtemps sans boire.

El Aiachi rappelle qu'à son retour de la Mekke, en 1065, les chameaux ne furent pas abreuvés depuis le Caire jusqu'à *Adjedabia*, c'est-à-dire pendant une période de quatre-vingt-dix jours. Ce n'est qu'à l'approche de l'été qu'il fallut commencer à les faire boire.

Le voyage actuel fut spécialement favorisé ; car dans toute la région de *Bark'a*, on ne marcha pas un jour sans trouver des r'edirs remplis par les pluies et des pâturages à profusion.

MERCREDI, 14 RAMADHAN (3 MAI)

On part d'*El Met'rouh'* et on campe en deça d'une aiguade appelée *El Medar* (المدار).

JEUDI, 15 RAMADHAN (4 MAI)

On continue la marche sans passer à *El Medar*. A la fin de la journée, on descend la pente de l'*Ak'aba Es'-S'r'ira* et on s'installe pour la nuit auprès d'une *sania* très profonde dont on ne peut atteindre l'eau qu'en ajoutant bout à bout plusieurs cordes.

VENDREDI ET SAMEDI, 16 ET 17 RAMADHAN (5 ET 6 MAI)

On campe le lendemain à *Djemima* (جميمة), aiguade formée par de nombreux puits creusés dans un sable blanc qui donnent, à une petite profondeur, une eau excellente.

On fait séjour en ce point pour s'approvisionner d'eau et faire boire les chameaux

DIMANCHE, 18 RAMADHAN (7 MAI)

La caravane part de *Djemima* et va camper à un point non nommé.

LUNDI, 19 RAMADHAN (8 MAI)

On installe le campement pour la nuit aux puits d'*El Omeïdateïn* (العميدتين), creusés dans une roche en contre-bas de la mer. La plupart des puits sont envahis par le sable.

Près de cette aiguade, on voit une enceinte solidement bâtie à la façon des châteaux de défense d'Alexandrie, dont un côté s'est écroulé.

On trouve en cet endroit un groupe important d'arabes, accompagnés par le chef des nomades de la *Boh'eïra* et l'on apprend par eux que la peste est en décroissance à Alexandrie, qu'elle fait beaucoup de ravages dans la *Boh'eïra*, mais qu'elle n'existe pas au Caire.

Les voyageurs décident de ne pas passer à Alexandrie et d'aller directement au Caire.

MARDI, 20 RAMADHAN (9 MAI)

Laissant le chemin d'Alexandrie à gauche, on prend à droite à travers un excellent terrain, couvert de ruines et très riche en pâturages.

On aperçoit sur la gauche, au bord de la mer, le bourg d'*Abous'ir* (ابو صير) et la tour ruinée de sa mosquée qui s'élève encore dans les airs.

On campe dans la région faisant face à Alexandrie.

MERCREDI, 21 RAMADHAN (10 MAI)

On campe après avoir marché la journée et on quitte là le groupe d'arabes de la *Boh'eïra* qui s'était joint aux pèlerins à l'avant-dernière étape par crainte des arabes *El Henadi* (الهنادي), avec lesquels ils étaient en hostilités.

JEUDI, 22 RAMADHAN (11 MAI)

Le lendemain au dhouh'a, on arrive à l'*Oued Er-Rohban* (وادي الرهبان, la rivière des moines) et on y installe le campement. C'est une grande rivière sablonneuse où l'on voit quelques pousses de palmiers.

La chaleur commençant à devenir intense, les pèlerins se préparaient à aller à l'aiguade, fort loin du campement, quand en fouillant le sol on trouva le terrain humide. En creusant à une profondeur d'une coudée près des tentes, on arriva à l'eau, pure et douce comme celle du Nil. Il en est partout de même sur toute la longueur de l'Oued.

L'*Oued Er-Rohban* est ainsi appelé parce qu'il s'y trouve quatre couvents, habités par des moines chrétiens (1). Ces religieux n'ont ni cultures, ni bestiaux. Les chrétiens du Caire soumis à la capitation les entretiennent en leur apportant des aumônes et des dons pieux. Le campement de la caravane était en vue de ces monastères.

C'est en cet endroit que passe la route qui mène du Caire à *Aoudjila*.

Au moment où l'on se prépare à partir, le Cheikh des arabes *Bohdja* met en garde les pèlerins contre les intentions hostiles des *Selalma*. Ces nomades qui parcourent le pays, des confins de la *Boh'eira* à Alexandrie et aux *Ak'abas*, forment trois fractions, les *Hanadi*, les *Bohdja* et les *Afrad*, auquels se sont joints des émigrés de la région de Tripoli, chassés par la tyrannie, des miséreux comme les *Djaouabis* et un certain nombre de *Haouara* et de *Faouakher*. Ils sont toujours en guerre et les groupes les moins forts se placent tour à tour sous l'autorité des Turcs pour avoir leur appui contre leurs adversaires.

En 1050, ils attaquèrent le *rekeb* des pèlerins Marocains entre les deux Ak'abas ; mais ils furent repoussés après avoir subi des pertes assez importantes, grâce surtout à l'énergie et au courage d'une quarantaine de pauvres pèlerins de *Tadela*.

VENDREDI, 23 RAMADHAN (12 MAI)

En quittant son campement, la caravane descend l'*Oued Er-Rohban* jusqu'en face de l'*Oued En-Natroun* (2) (وادي النطرون), d'où l'on

(1) Le principal est *Dir Souriani*. Les autres sont : *Dir Baramous, Amba Bichaï* et *Abou Makar*. Ils sont tous coptes.

(2) L'édition de Fez donne à tort « Oued El Iat'roun ».

transporte du natron au Caire et ailleurs ; on laisse l'oued à droite et on marche vers la gauche à travers un terrain de sable sans aucun pâturage, où l'on campe.

SAMEDI, 24 RAMADHAN (13 MAI)

Le lendemain vers midi, on aperçoit les premiers K's'our du *Rif*, on marche jusqu'au milieu de l'après-midi et on campe en face d'*El Mans'ouria*. Des pèlerins partent en avant pour retenir au Caire un gîte à proximité de la mosquée *El Djamâ El Azhar*.

DIMANCHE, 25 RAMADHAN 1072 (14 MAI 1662)

Le lendemain on passe à travers les K's'our, laissant de côté le chemin de la terre ferme que les pèlerins ne prennent qu'à l'époque où les inondations du Nil rendent impraticable celui des K's'our.

On passe près d'*El Mans'ouria*, de *Ouasim* (وسيم), d'autres villages, et l'on arrive dans la matinée en dehors d'*Anbaba* (أنبابة) où l'on installe le camp, le dimanche, 25 Ramadhan, cinquante jours après avoir quitté la zaouia de Si Ahmed ben Zerrouk' dernier point habité de la province de Tripoli.

De ce chiffre, il faut retrancher environ cinq journées de séjour. C'est donc en quarante-cinq jours qu'a été franchie la distance de *Mes'rata* au Caire. Ce trajet est rarement fait en si peu de temps. La rapidité de cette marche est due à la bonne saison, à la longueur des journées, à l'abondance des eaux et des pâturages qui a permis aux chameaux de conserver toute leur vigueur.

Anbaba est une ville située sur la rive occidentale du Nil, en face de *Boulak'* qui est de l'autre côté du fleuve. On y trouve marchés, hôtelleries et mosquées comme au Caire.

LUNDI, 26 RAMADHAN 1072 (15 MAI 1662)

Après avoir confié leurs chameaux et leurs bagages inutiles à des amis d'*El Menchia*, pour les reprendre au retour, les pèlerins traversent le Nil, très bas à ce moment et comparable à un des grands oueds du Mar'reb.

A *Boulak'*, El Aiachi loue des bêtes de somme pour le transporter avec les siens jusqu'au Caire.

Entrée au Caire, ce même jour.

D'Alexandrie à Tripoli

VENDREDI, 22 REBIA 2d 1074 (23 NOVEMBRE 1663)

El Aiachi quitte Alexandrie, avec le *rekeb* des gens du Maroc, le vendredi, 22 rebiâ second 1074 (23 novembre 1663), précédé d'un jour par la caravane des pèlerins algériens.

La saison d'hiver étant très proche et les journées fort courtes, le voyage est beaucoup plus long et plus pénible qu'à l'aller.

MERCREDI ET JEUDI, 27 ET 28 REBIA 2d (28 ET 29 NOVEMBRE)

Le sixième jour après le départ d'Alexandrie, elle campe au dhouh'a à une grande distance de l'aiguade de *Djemima*. Une pluie persistante l'oblige à séjourner deux jours en cet endroit.

DIMANCHE, 2 DJOUMADA 1er (2 DÉCEMBRE)

Le dixième jour seulement, on peut escalader l'*Ak'aba Es'-S'rira* où l'on arrive ordinairement après quatre jours de marche.

MERCREDI, 12 DJOUMADA 1er (12 DÉCEMBRE)

On continue à marcher difficilement, à travers un pays désolé, en passant aux étapes indiquées à l'aller. Le sol est absolument dénudé ; les vents et le froid ont désséché tous les pâturages.

On franchit en dix jours la distance qui sépare les deux *Ak'abas* ; le dixième jour on monte la pente de l'*Ak'aba El Kebira* et on atteint le plateau. Les voyageurs comptaient trouver là de l'eau en abondance ; mais leur espoir est déçu et ils commencent à être inquiets.

JEUDI 13 DJOUMADA 1er (13 DÉCEMBRE)

Le lendemain, jeudi, les pèlerins marchent toute la journée sans trouver d'eau. Le guide de la caravane envoyé à la découverte revient dans la nuit annoncer qu'il y a un r'edir à proximité.

VENDREDI, 14 DJOUMADA 1er (14 DÉCEMBRE)

Au matin, les gens se hâtent de prendre la direction du r'edir indiqué et trouvent de l'eau en abondance dans un Oued pierreux, on continue la marche jusqu'à la fin de la journée.

SAMEDI, 15 DJOUMADA 1er (15 DÉCEMBRE)

Le lendemain, on campe à *El Bat'nan,* dans un terrain excellent, couvert de bons pâturages.

DIMANCHE, 16 DJOUMADA 1er (16 DÉCEMBRE)

Le dimanche, on campe dans la région d'*El Bat'nan* auprès d'un grand réservoir.

LUNDI, 17 DJOUMADA 1er (17 DÉCEMBRE)

On arrive le lendemain près d'*El Medouer*.

MARDI, 18 DJOUMADA 1er (18 DÉCEMBRE)

On campe dans le bas-fond qu'il faut traverser pour atteindre *Aïn El R'ezala*.

MERCREDI, 19 DJOUMADA 1er (19 DÉCEMBRE)

Le lendemain, on prend à droite et l'on suit une colline allongée entre le chemin et la mer où l'on trouve de l'eau dans un grand réservoir.

JEUDI, 20 DJOUMADA 1er (20 DÉCEMBRE)

On passe à gauche d'*Aïn El R'ezala* et on va camper au pied de la montagne qui lui fait face dans la direction de l'Ouest.

VENDREDI, SAMEDI

ET DIMANCHE, 21, 22 ET 23 DJOUMADA 1er (21, 22 ET 23 DÉCEMBRE)

Le lendemain, vendredi, au moment du *dhouh'a*, on atteint *Et-Temimi*. La caravane, voyant que le *rekeb* des gens d'Alger est installé à l'aiguade, ne s'en approche pas de peur de conflit et campe à un mille en deçà de l'oued.

Le lendemain, le *rekeb* d'Alger étant parti, les pèlerins font séjour à *Et-Temimi*, le samedi et le dimanche, par un froid glacial.

Ils ne trouvent à acheter que de maigres provisions à quelques nomades de la région. Les gens de *Derna*, qui ont l'habitude de venir tenir un marché au passage du *rekeb*, ne paraissent pas, à cause des troubles récents qui avaient ensanglanté la ville.

Les gens de l'Ouest installés à *Derna* en avaient chassé l'émir El H'adj Mahmoud qui avait dû se réfugier à Candie. Othman Pacha avait envoyé à la suite de cet événement un navire chargé de soldats qui réinstalla l'émir après combat et expulsa les habitants d'origine étrangère.

LUNDI, 24 DJOUMADA 1er (24 DÉCEMBRE)

Le lundi, on quitte *Et-Temimi*, on campe à la tombée de la nuit.

MARDI, 25 DJOUMADA 1er (25 DÉCEMBRE)

On part au dhouh'a et l'on va camper près d'un r'edir appelé *Bou Hendi* (بو هندي).

MERCREDI, 26 DJOUMADA 1er (26 DÉCEMBRE)

On passe dans la matinée près de ce r'edir où les pèlerins font eau et on campe au coucher du soleil à *K's'ar Mekhili*, près des ruines d'une mosquée dont il ne reste plus que le minaret.

Les pèlerins bâtissent une enceinte de pierres autour du tombeau du Cheikh Amran, chef du rekeb de l'année précédente, mort à *Mekhili* et enterré près de la porte de la mosquée.

JEUDI, VENDREDI ET SAMEDI, 27, 28 ET 29 (27, 28 ET 29 DÉCEMBRE)

Le troisième jour après le départ de *Mekhili*, on passe l'*Oued Samalous* vers midi. On y fait ample provision d'eau. Cette rivière qui descend du *Djebel El Akhdhar* et reçoit de nombreux affluents n'est à sec que pendant les mauvaises années.

DIMANCHE, 30 DJOUMADA 1er, LUNDI ET MARDI, 1er ET 2 DJOUMADA 2d (30 ET 31 DÉCEMBRE, 1er JANVIER 1664)

Trois jours après, on campe aux *K's'our Er-Redjbia* (قصور الرجبية) où l'on trouve de nombreux arabes du Djebel, *Sâdan*, *Faouaïd* et autres.

MERCREDI, 3 DJOUMADA 2d (2 JANVIER)

On suit un Oued couvert d'herbe et rempli d'arabes nomades auxquels on achète du lait et du beurre.

Dans l'après-midi, on s'arrête pour camper à *El Bioub* (البيوب), à l'extrémité du *Djebel El Akhdhar*.

JEUDI ET VENDREDI, 4 ET 5 DJOUMADA 2d (3 ET 4 JANVIER)

La caravane, laissant à droite l'aiguade de *Solouk*, marche directement sur Adjedabia.

SAMEDI, 6 DJOUMADA 2d (5 JANVIER)

Elle arrive à *Adjedabia* le troisième jour, après l'âs'er, et y trouve le *rekeb* d'Alger qui la précédait.

Les pèlerins de ce *rekeb* invitent El Aiachi et ses compagnons à retarder leur marche pour leur laisser prendre l'avance sous prétexte qu'ils ont avec eux des notables Turcs, officiers du Sultan, qui n'entendent pas se laisser devancer par de pauvres Marocains.

Les Mer'arba, piqués au vif, déclarent ne reconnaître ni puissance ni Sultan. Sans s'arrêter à El Adjedabia, ils poussent leur marche jusqu'à la nuit close et vont camper plus loin, à des puits près desquels est un château ruiné.

DIMANCHE, 7 DJOUMADA 2d (6 JANVIER)

Le lendemain marche rapide afin d'éviter un conflit que pourrait faire naître le contact du *rekeb* algérien.

LUNDI, 8 DJOUMADA 2d (7 JANVIER)

On campe le lendemain à *K's'eïrat Ouâtela* (قصيرت وعتلة), où l'on rencontre un fort parti d'Arabes *El Djahma*, venus du Fezzan en incursion contre les arabes du Djebel et les *Hanadi*.

MARDI, 9 DJOUMADA 2d (8 JANVIER)

Le lendemain, par une pluie battante, la caravane campe près d'un passage étroit de la Sebkha, en deçà d'*El Menâm*.

MERCREDI, 10 DJOUMADA 2d (9 JANVIER)

On dépasse *El Menâm* vers midi et l'on s'arrête pour camper au coucher du soleil.

JEUDI, 11 DJOUMADA 2d (10 JANVIER)

Le jeudi, on passe au bas de la Sebkha de *Mek't'â El Kebrit* et l'on campe plus loin.

VENDREDI, 12 DJOUMADA 2d (11 JANVIER)

Le lendemain, laissant à gauche la Sebkha, on suit les hauteurs qui dominent le littoral. C'est une route que ne prend pas ordinairement le *rekeb ;* mais elle a l'avantage d'être en terrain solide et fertile et permet d'éviter les boues de la Sebkha à l'époque des pluies.

SAMEDI, 13 DJOUMADA 2d (12 JANVIER)

On trouve de nombreux r'edirs dans les ravins qui descendent des hauteurs et on campe dans le haut des Oueds qui avoisinent *El Koh'eïla.* C'est le commencement du pays de Sort.

DIMANCHE, 14 DJOUMADA 2d (13 JANVIER)

On continue la marche et on installe le campement pour la nuit près d'*Ech-Chegga* (الشقة), où l'on trouve les premiers arabes de la zaouia des *Oulad Sidi Nas'er.*

LUNDI, 15 DJOUMADA 2d (14 JANVIER)

On passe au dhouh'a à *Ech-Chegga* sans y trouver d'eau. On campe au delà.

MARDI, 16 DJOUMADA 2d (15 JANVIER)

Le lendemain, la caravane passe à *K'abr-Nouir* (قبر نوير) et s'arrête à l'aiguade d'*El Ah'mar.*

MERCREDI, 17 DJOUMADA 2d (16 JANVIER)

On campe le lendemain près d'*El Modeïna.*

JEUDI ET VENDREDI, 18 ET 19 DJOUMADA 2d (17 ET 18 JANVIER)

On passe le lendemain à *El Modeïna.* Ce jour là et le suivant on traverse un pays couvert de cultures et d'herbages. On s'arrête pour la nuit à *Ez-Zâfran*, dont on trouve les K's'our vides par suite de l'expédition récente des *Djahma* et des *Hiâbia*, soutenus par le sultan du Fezzan contre les Arabes *El Djebali.*

SAMEDI ET DIMANCHE, 20 ET 21 DJOUMADA 2d (19 ET 20 JANVIER)

Le lendemain et le surlendemain, on continue la marche par un vent glacial et l'on vient camper vers midi à *K's'our H'assan.*

LUNDI, 22 DJOUMADA 2d (21 JANVIER)

Le jour suivant, on marche entre la mer à droite et la Sebkha à gauche, avec l'espoir de passer le gué de la *Haïcha* avant la nuit. On n'y arrive pas et on campe à proximité.

MARDI ET MERCREDI, 23 ET 24 DJOUMADA 2d (22 ET 23 JANVIER)

On traverse la *Haïcha* sans y trouver du sel dont on aurait eu grand besoin. La Sebkha est complètement inondée par les pluies et malgré cela ses eaux conservent toute leur amertume. On pousse la marche jusqu'à la fin de la journée.

Le jour suivant on campe à Bou Koudia.

JEUDI, VENDREDI

ET SAMEDI, 25, 26 ET 27 DJOUMADA 2d (24, 25 ET 26 JANVIER)

Le lendemain, on aperçoit les premières traces de peuplement.

On atteint vers midi *K's'ar Ah'med.* La vue des maisons et des palmiers réjouit tout le monde. Il semble aux pèlerins qu'ils contemplent pour la première fois un pareil spectacle et qu'après la mort ils reviennent à la vie. Malgré les instances des habitants, on ne s'arrête pas au K's'ar et on campe seulement à *Tikiran* (تكيران), village du vénéré Ah'med Zerrouk'.

La caravane s'arrête là le samedi et le dimanche pour faire ses dévotions à la mosquée et au tombeau du saint.

DIMANCHE, 28 DJOUMADA 2d (27 JANVIER)

La caravane quitte Ah'med Zerrouk' le dimanche et marche jusqu'à la nuit.

LUNDI, 29 DJOUMADA, 2d (28 JANVIER)

Le lendemain, on passe à midi à la zaouia de Sidi Abd Es-Selam que l'on visite. On campe en dehors du village (zeliten).

MARDI, 1er REDJEB (29 JANVIER)

Le jour suivant, on passe à *Sah'el H'amed* et, après avoir visité le tombeau de *Sidi Meftah'*, on passe la nuit près des puits de *Selim.*

MERCREDI, 2 REDJEB (30 JANVIER)

Le lendemain, on descend le *Djebel En-Neggaza* et on campe près de l'*Oued Younout.*

JEUDI 3 REDJEB (31 JANVIER)

Le jour suivant, on traverse avec beaucoup de peine l'*Oued El Msid*, très grossi par les pluies.

VENDREDI, 4 REDJEB (1er FÉVRIER)

Après avoir accompagné les pèlerins jusqu'à l'*Oued Er-Remel*, El Aiachi et quelques amis devancent la caravane. Ils trouvent plus loin les gens de Tripoli sortis en masse à la rencontre du rekeb. Ils dépassent *Tadjoura* sans s'y arrêter et arrivent à Tripoli, un peu avant le coucher du soleil le vendredi 4 Redjeb 1074 de l'hégire (1er février 1664), soixante et onze jours après avoir quitté Alexandrie.

Le voyage avait été cette fois très pénible, surtout à cause du manque de vivres, la durée du trajet s'étant trouvée fort allongée par suite du froid et des pluies. Très souvent les pèlerins avaient dû se rationner et ne faire qu'un repas par vingt-quatre heures.

El Aiachi quitte Tripoli pour reprendre la route de son pays le lundi, 5 Châban (3 mars 1664) (1).

---

(1) M. Berbrugger a indiqué comme concordance du 5 Châban 1074, le 22 février 1663. Il est facile de se rendre compte que toutes les concordances qu'il donne dans le voyage d'aller et retour d'El Aiachi sont inexactes.

Itinéraires de Moulay Ah'med

Moulay Ah'med ben Moh'ammed ben Nas'er El Mar'ribi suit de près El Aiachi puisqu'il entreprend le pèlerinage qui fait l'objet de sa relation quarante-sept ans après celui-ci.

Son itinéraire à partir de Tripoli est à peu près le même que celui de son prédécesseur ; mais son voyage de retour, d'Alexandrie à Tripoli, fait l'objet d'un récit beaucoup plus détaillé. Il donne ses étapes jour par jour en indiquant un grand nombre de points intermédiaires non cités par El Aiachi. Ce sont surtout ses indications qui m'ont permis de compléter la carte des itinéraires jointe à ce travail.

Je n'ai eu à ma disposition qu'un seul manuscrit, copié à Ferkan, en 1157 de l'hégire. Il m'a été fort obligeamment prêté par Si Moh'ammed El Arousi Et-Tidjani, chef de la Zaouia de Guemar, sur la demande de mon excellent ami, M. le Chef de bataillon Pujat, commandant supérieur du cercle de Touggourt.

Comme je l'ai déjà fait remarquer plus haut, Moulay Ah'med reproduit dans sa relation de longs passages d'El Aiachi, en le citant quelquefois et en se dispensant souvent de le faire. J'ai supprimé dans le résumé de l'itinéraire de Moulay Ah'med les renseignements accessoires qui faisaient double emploi avec ceux déjà donnés par El Aiachi.

De Tripoli au Caire

Moulay Ah'med, après un court séjour à Tripoli, quitte cette ville le vendredi 27 Châban 1121 de l'hégire (1er novembre 1709) (1).

Il passe au tombeau du vénéré Sidi Abd El H'afidh et rejoint vers midi le rekeb, campé à *Tadjoura*.

Tadjoura, d'après El Tidjani, est un bourg peuplé et un vaste château, renfermant de nombreuses maisons, au milieu duquel se trouve un fort de construction plus ancienne. Ce fort a, dit-on, été bâti par H'amed ben Djaria qui y a travaillé de ses propres mains pour encourager les gens à l'achever. C'est lui qui a peuplé ce bourg en y transportant, l'an 550, une population qui était avant installée dans la terre d'Abd-Rebbi. Les habitants se prétendent originaires de la tribu arabe de *Temim* et disent qu'ils occupaient la terre d'*Abd-Rebbi* depuis la conquête musulmane.

---

(1) Moulay Ah'med qui semble vouloir indiquer la correspondance des dates hégiriennes avec les dates *juliennes*, donne presque toujours des concordances fausses. Les jours de la semaine qu'il a soin de noter, correspondent bien aux dates des mois de l'hégire. J'ai rétabli partout les dates *grégoriennes* vraies, sans relever chaque fois les erreurs du manuscrit.

Tadjoura est célèbre par ses coings avec lesquels ceux du Nefzaoua seuls peuvent rivaliser.

Le rekeb séjourne dans cette localité le samedi, le dimanche et le lundi.

MARDI, 2 RAMADHAN (5 NOVEMBRE)

Départ de *Tadjoura* après la prière de midi.

On campe après l'âs'er à *R'afek'* (غفوف) que Tidjani signale comme un K's'ar en ruines et sans habitants.

On y trouve actuellement un puits, où l'on descend par des marches, donnant en abondance une assez bonne eau.

MERCREDI, 3 RAMADHAN (6 NOVEMBRE)

On traverse l'*Oued Er-Remel* qui descend des montagnes de droite pour aller se jeter à la mer. Il est alimenté par des sources qui jaillissent à peu de distance de la montagne. L'eau coule à fleur de terre pendant un certain temps, puis disparait pour reparaître plus loin.

La rivière ne coule partout d'une façon continue que quand elle est grossie par les pluies et les torrents.

On dépasse l'*Oued El Msid* de plusieurs milles et on campe à l'Ouest de *Tourr'et* (1) (ترغت).

Moulay Ah'med cite à propos de ces deux rivières un long passage de Tidjani (v. voyage du Scheikh Et-Tidjani pendant les années 706, 707 et 708 de l'hégire 1306-1309 après J.-C., traduit par A. Rousseau, journal asiatique, février-mars 1853, pages 62 et suivantes).

Il signale dans le parcours de ces deux étapes l'existence de l'arbre appelé *Ochar* (عشر, *calotropis procera, asclépiadée*) dont Et-Tidjani a donné une description détaillée (Ib. p. 164 et 165) arbre dont le fruit contient une pulpe cotonneuse et produit une sorte de gomme âcre et nauséabonde, connue sous le nom de sucre d'*ôchar*. On en trouve également dans le Hedjaz et dans le pays d'El Aiachi.

JEUDI, VENDREDI, SAMEDI, 4, 5 ET 6 RAMADHAN (7, 8 ET 9 NOVEMBRE)

On passe à *Tourr'et* où Abd Es-Selam ben Othman a creusé un puits et planté un mûrier.

(1) Je suppose qu'il s'agit là de la plaine sans arbres, mais couverte d'herbe que Della Alla appelle *Turot* (Viaggio di Tripoli di Barbaria alle frontière occidentali dell' Egitto, p. 34 — Genova, 1819).

On monte le *Djebel En-Neggaza* au sommet et au pied duquel on voit les vestiges d'antiques constructions. On s'arrête au coucher du soleil à *Alahoum* (1) (علاهم) K's'ar situé sur une colline et on passe la nuit dans un bas-fond, à droite.

On arrive à Sah'el H'amed et l'on campe à Adjtalik, bourgade plus petite que la précédente, complantée en palmiers. On s'arrête le troisième jour pour la nuit à l'Ouest de Mes'rata.

DIMANCHE, 7 RAMADHAN (10 NOVEMBRE)

On installe le campement en dehors de *K's'ar Ah'med*, près du tombeau de *Bou Châïfa*. On visite le lendemain le tombeau d'Ah'med Zerrouk'.

De K's'ar Ah'med les pèlerins ont l'habitude d'emporter une provision de cinq jours d'eau qui leur permet d'atteindre *Ez-Zâfran ;* car on ne trouve dans ce trajet que l'aiguade d'*El-Ãriâr* où le rekeb passe rarement, celle de *Semeïda* qui est peu abondante, l'eau de la *haïcha* qui est détestable et le puits citerne de H'assan, presque toujours à sec.

LUNDI, 8 RAMADHAN (11 NOVEMBRE)

Près de *Bou Chaïfa*, Moulay Ah'med signale une grotte, dont parle El Aiachi, qu'il a visitée lors d'un précédent voyage.

Pendant la marche, un groupe de pèlerins pousse jusqu'à *El Ariâr*, entre la sebkha et la mer pour y faire eau. On passe à *Semeïda* et l'on campe au delà, au coucher du soleil.

MARDI, 9 RAMADHAN (12 NOVEMBRE)

On aperçoit de loin les palmiers de *Taourr'a.* Les habitants de cette oasis logent sous des huttes ; ils ne construisent en pisé et en pierres que les magasins dans lesquels ils enferment leurs provisions

L'oasis est si grande qu'on ne peut en faire le tour dans un seul jour. La source qui alimente les palmiers est très abondante.

Les gens de cette localité paient aux Turcs un Kharadj annuel de trois cents nègres et de cinq mille *rials.* Malgré sa richesse, l'oasis

---

(1) Le K's'ar *Alahoum* est cité par Barth, dans le chapitre consacré à son excursion dans les montagnes autour de Tripoli (Voyages et découvertes dans l'Afrique septentrionale et centrale. Tome Ier, page 56).

est en décadence, par suite des luttes intestines qui la désolent presque chaque année, au moment de l'automne.

On campe à l'Ouest de la *haïcha.*

MERCREDI, 10 RAMADHAN (13 NOVEMBRE)

On traverse la haïcha et on va camper à *H'assan.*

JEUDI, 11 RAMADHAN (14 NOVEMBRE)

On arrive vers la fin de l'après-midi à la sania de *Met'raou* (مطراو), eau abondante, mais peu agréable au goût. C'est le premier point de la région de *Sort.* La caravane y ayant trouvé de l'eau en quantité suffisante, se dispense de passer à *Ez-Zâfran* qui est en dehors du chemin, au bord de la mer. En avant, du côté de la terre, se trouvent les K's'our de *Sort* qui sont absolument ruinés et dépeuplés.

VENDREDI 12 ET SAMEDI 13 RAMADHAN (15 ET 16 NOVEMBRE)

Campé après le couché du soleil à *K's'ir Ed-Debban* (قصير الذبان).
Campé le lendemain soir à *Taourr'a* (1) (?)

DIMANCHE, 14 RAMADHAN (17 NOVEMBRE)

On part à la fin de la nuit et on arrive avant l'aurore à l'aiguade d'*En-Naïm* où l'on fait eau pour cinq jours afin de traverser la Sebkha de *Mek't'â El Kebrit* et d'atteindre *El Menâm.*

On repart après le lever du soleil, on passe à midi à *El Ah'mar* et on s'arrête pour camper au coucher du soleil à *El K'abr* (القبر).

LUNDI, 15 RAMADHAN (18 NOVEMBRE)

On part avant le jour et on campe à l'Ouest d'*El Ihoudia.*

MARDI, 16 RAMADHAN (19 NOVEMBRE)

Un groupe de pèlerins passe à *El Koh'eïla* pour y prendre une eau mauvaise et chaude.

---

(1) Le nom du campement de nuit, laissé d'abord en blanc dans le manuscrit, a été mis par une autre main que celle du copiste. Il y a là une erreur évidente ; car il ne peut s'agir du K's'ar de *Taourr'a* qui se trouve à plus de 200 kilomètres vers le Nord. Moulay Ah'med doit camper cette nuit entre El Modeïna et Oumm Es'-Solt'an.

Moulay Ah'med et ses autres compagnons atteignent *El H'addadia* (الحدادية), puits profond et chaud. Après la prière de l'âs'er, ils quittent ce point et vont camper à plusieurs milles à l'Est.

MERCREDI, 17 RAMADHAN (20 NOVEMBRE)

On campe vers la fin de l'aprés-midi dans la Sebkha de *Mek't'â El Kebrit.*

JEUDI, 18 RAMADHAN (21 NOVEMBRE)

On fait eau à midi à *El Menâm*. On continue ensuite la marche et on campe au delà de la Sebkha.

VENDREDI, 19 RAMADHAN (22 NOVEMBRE)

On campe à *El Mes'anâ* (المصا نع).

SAMEDI, 20 RAMADHAN (23 NOVEMBRE)

Départ avant le jour; on arrive après l'âs'er à *El Djedida* (الجديدة), puits creusés dans le roc, à proximité d'*Adjedabia*, près d'un château en ruines. Eau passable.

DIMANCHE, 21 RAMADHAN (24 NOVEMBRE)

La caravane part avant la fin de la nuit et atteint *Adjedabia*, avant le lever du soleil. On fait eau rapidement pour sept jours avant de s'engager dans le désert de *Seroual*, pour atteindre *Et-Temimi.*

On quitte *Adjedabia* avant midi laissant à gauche le *Djebel El Akhdhar*. On installe le campement de nuit à l'Est de *Chebika.*

Moulay Ah'med reproduit sans y ajouter rien d'important les renseignements donnés par El Aiachi sur Adjedabia, la région de *Bark'a* et la ville ancienne de *Bark'a*, le *Djebel El Akhdhar* et *Benghazi*.

LUNDI, 22 RAMADHAN (25 NOVEMBRE)

Départ avant le jour. Campement à *Kerdas* (كر داس), au coucher du soleil.

MARDI, 23 RAMADHAN (26 NOVEMBRE)

On marche depuis l'aurore et on arrive avant le coucher du soleil à l'*Oued Mesous* (وادي مسوس) où on fait eau à un r'edir.

MERCREDI, 24 RAMADHAN (27 NOVEMBRE)

La caravane se met en marche après la prière du matin et passe au *K's'ar de l'Oued Mesous*, encore debout sur la rive de l'oued qui est du coté Saharien. On y trouve de nombreux r'edirs où les gens font leur provision d'eau. On fait la prière de l'â'ser à *Adouan* (عدوان) et on s'arrête pour la nuit à *Mezreb*.

JEUDI, 25 RAMADHAN (28 NOVEMBRE)

On passe à l'âs'er à l'*Oued Samalous* où l'on ne trouve pas d'eau et on va camper à *Ech-Chebika.*

VENDREDI, 26 RAMADHAN (29 NOVEMBRE)

Départ après la prière du matin. On rencontre un groupe important d'arabes *Sâdi* auxquels on achète des moutons. On campe à l'Ouest de *Tinmalak'* (تنملق).

SAMEDI, 27 RAMADHAN (30 NOVEMBRE)

Départ au point du jour. On fait la prière de midi à *K's'ar El Mekhili.* Malgré les énormes réservoirs en pierres qui existent en cet endroit, on n'y trouve pas d'eau. On dépasse *El Mekhili* pour ne s'arrêter qu'au coucher du soleil.

DIMANCHE, 28 RAMADHAN (1er DÉCEMBRE)

La caravane se met en marche avant le jour, par un brouillard intense. Le guide perd la route et ne la retrouve qu'au point du jour.

Les pèlerins, ayant épuisé leur provision d'eau, souffrent beaucoup de la soif. Les bêtes de somme sont à bout de forces. On finit par trouver des r'edirs dans un bas-fond. Il était temps, car les outres ne contenaient plus une goutte d'eau et les mules et les ânes n'avaient pas bu depuis deux jours.

On campe, au coucher du soleil, près de grandes cultures appartenant aux arabes de la région.

LUNDI, 29 RAMADHAN, MARDI, 30 RAMADHAN (2 ET 3 DÉCEMBRE)

On part après la prière du matin et, avant midi, on atteint *Et-Temimi.*

On avait envoyé de l'étape avant *Adjedabia* un courrier des *Fouakher* pour prévenir les gens de *Derna* de venir avec des provisions à *Et-Temimi*, suivant l'usage.

Cet homme, qui devait apporter une réponse à *Et-Temimi*, ne reparut plus.

Dans l'après-midi, quelques arabes de *Derna* arrivent avec un peu d'orge et de farine qu'on leur achète très cher.

La caravane passe la nuit à l'aiguade et attend jusqu'au lendemain après midi. Personne ne paraissant, on se remet en marche et on campe avant le coucher du soleil à *Bou El Feraïs* (ابو العِرايس).

MERCREDI, 1er CHOUAL (4 DÉCEMBRE)

On se met en marche au lever du soleil, puis on s'arrête pour acheter neuf charges d'orge à des arabes de *Derna* qui ont rejoint la caravane.

On fait la prière de midi à *Aïn El R'ezala*, seule source de la région. On campe pour la nuit à l'Est de *Boul H'as'n* (ابو الحصن).

Moulay Ah'med signale à gauche du chemin et à l'Est de la source la grotte décrite par El Aiachi.

JEUDI, 2 CHOUAL (5 DÉCEMBRE)

On passe après midi à *El Medouer*, où l'on trouve de nombreux bassins remplis par les eaux de pluie. On continue la marche et on passe la nuit en face des *Sept Arbres* (Ech-Chadj'rat' Es-Sebâ الشجرات السبع).

VENDREDI, 3 CHOUAL (6 DÉCEMBRE)

On passe à midi dans un oued où on trouve de l'eau de pluie. On rencontre plus loin un groupe d'*Oulad Ali* et de *H'araba* auxquels on achète de l'orge, de la farine et des moutons en quantité suffisante. On passe la nuit en ce point.

SAMEDI, 4 CHOUAL (7 DÉCEMBRE)

Départ après la prière du matin. On passe dans la matinée auprès de deux citernes où l'on fait eau. On arrive à *El Mer'aïr* (المغاير) avant le coucher du soleil et on campe à la nuit close à l'Est de ce point.

Des *Oulad Ali* viennent en cet endroit vendre à la caravane des dattes de *Syouah.*

Syouah est une grande ville qui n'est soumise à aucune autorité. Elle comprend deux K's'our dont l'un est moins important que l'autre.

Les dattes, les fruits de toute sorte, les melons et les pastèques y sont très abondants. On considère chez eux comme honteux de vendre des fruits ; on les donne. Les dattes du pays destinées à être exportées sont enfermées dans des paniers.

Syouah est à quinze journées du Caire. Les étrangers ne peuvent y pénétrer dans la saison d'automne sans être atteints par la fièvre qui est presque toujours mortelle. Les habitants de l'Oasis sont également sujets à cette maladie, mais elle n'a pas pour eux de suites graves.

A une demi-journée de marche ils ont un village qui est leur point principal de culture, où abondent les oliviers, les arbres fruitiers et les labours.

A trois journées dans la direction du Caire, on trouve une Oasis appelée *El Gara* (القارة) avec de nombreux palmiers.

Syouah est arrosée par d'abondantes sources.

DIMANCHE, 5 CHOUAL (8 DÉCEMBRE)

On campe sur le plateau de l'*Ak'aba*, à la nuit.

LUNDI, 6 CHOUAL (9 DÉCEMBRE)

Au dhouh'a, on descend la pente de l'Ak'aba et on s'arrête pour la nuit vers la fin de l'après-midi à *Amk'areb* (امقرب). On vole au pâturage six chameaux appartenant aux pèlerins.

MARDI, 7 CHOUAL (10 DÉCEMBRE)

On passe près d'une troupe d'*Oulad Ali* et de *H'araba* qui manifestent des dispositions hostiles. Devant l'attitude ferme des pèlerins, ils n'attaquent pas la caravane.

Au crépuscule, on s'arrête à *El Khechoumi* (الكشومي).

MERCREDI, 8 CHOUAL (11 DÉCEMBRE)

On s'arrête pour passer la nuit à l'Ouest d'*El Mâmoura* (المعمورة).

JEUDI, 9 CHOUAL (12 DÉCEMBRE)

On campe à la nuit aux *Sept Puits* (El Abiar Es-Sebâ).

VENDREDI, 10 CHOUAL (13 DÉCEMBRE)

On arrive avant le coucher du soleil à *Bou H'alag*.

SAMEDI, 11 CHOUAL (14 DÉCEMBRE)

Départ après la prière du matin. On s'arrête pour la nuit à *K'as'bat El Medar* (قصبات المدار).

DIMANCHE, 12 CHOUAL (15 DÉCEMBRE)

Pluie battante toute la journée. On atteint au coucher du soleil *Bou Seh'ima*. C'est un véritable déluge et on a beaucoup de difficultés à trouver où camper.

On avait rejoint pendant la marche le *rekeb* des gens de Fez avec lequel on continue le voyage à partir du lendemain.

LUNDI, 13 CHOUAL (16 DÉCEMBRE)

Les deux *rekebs* partent après la prière du matin. Après avoir descendu la pente de l'*Ak'aba Es'-S'r'ira*, on s'arrête un instant au lever du soleil pour faire sécher les vêtements trempés par la pluie la veille. A la nuit close, on campe à *Ras El H'as'an* (راس الكصان).

MARDI, 14 CHOUAL (17 DÉCEMBRE)

On part à l'aurore et on campe à *Douil En-Nâma* (ذويل النعامة).

MERCREDI, 15 CHOUAL (18 DÉCEMBRE)

On arrive au coucher du soleil à *Ech-Chemmama*. Pluie persistante le jour et la nuit. Le campement est heureusement installé sur un terrain sablonneux.

JEUDI, 16 CHOUAL (19 DÉCEMBRE)

On part en pataugeant dans l'eau et la boue. Les pèlerins débarrassent leurs outres de l'eau de *Chemmama* qui est la plus mauvaise de la région de *Bark'a*. On s'arrête après le coucher du soleil à l'Ouest d'*Alouiet Et-Themar* (علوية الثمار).

VENDREDI, 17 CHOUAL (20 DÉCEMBRE)

La caravane lève le camp trois heures avant le jour et arrive, à la tombée de la nuit, à l'Ouest d'*Er-Rok'ba* (الرقبة).

SAMEDI, 18 CHOUAL (21 DÉCEMBRE)

On part à la même heure que la veille. Des pèlerins montés sur des mulets devancent la caravane pour aller au Caire prendre les dispositions nécessaires pour le départ immédiat vers la Mekke, car le temps presse (1).

On arrive au dhouh'a à l'*Oued Er-Rohban*. Les r'edirs pleins dispensant la caravane de s'abreuver aux eaux de la rivière, elle prend à gauche et va camper à l'Est des deux couvents qui sont voisins l'un de l'autre.

DIMANCHE, 19 CHOUAL (24 DÉCEMBRE)

Départ avant le jour. On passe au matin près du dernier couvent. On franchit une terre de sable sans eau ni pâturages et on campe au coucher du soleil à *Edh-Dhemiri* (الضميرى).

LUNDI, 20 CHOUAL (25 DÉCEMBRE)

On part avant le jour. Au dhouh'a, on aperçoit les K's'our du *Rif*. On se repose à midi à *Abou Rouas* (ابو رواس, Abou Roach), puis on continue la marche à travers une mer de boue liquide, très pénible à traverser pour les hommes et les animaux. On passe près de *Kerdasa* et d'autres K's'our et on campe à *Saft'et El Leben* (سفطة اللبن), dans un endroit sec, le quarante troisième jour après avoir quitté *Bou Chaïfa*, près du K's'ar d'*Ahmed Zerrouk'*. C'est une marche très rapide, mais on la fait quelquefois en moins de temps.

MARDI, 21 CHOUAL (26 DÉCEMBRE)

Départ après la prière du matin. On arrive au dhouh'a à *Anbaba*.

(1) Le rekeb devait pour accomplir les cérémonies du pèlerinage arriver à la Mekke au plus tard dans les premiers jours de Doul H'idja, correspondant cette année aux premiers jours de février.

Moulay Ah'med laisse le gros des pèlerins avec les bagages et traverse le Nil, sur un bateau loué, avec ses femmes et sa famille.

Débarqué à *Boulak'*, il gagne le Caire où il entre avant midi, avec l'intention de repartir le lundi suivant.

Le rekeb ne quitte le Caire à destination de la Mekke que le mardi, 28 choual (31 décembre 1709).

D'Alexandrie à Tripoli

MARDI ET MERCREDI, 5 ET 6 REBIA 2d 1122 (3 ET 4 JUIN 1710)

Moulay Ah'med quitte Alexandrie. Il devance le rekeb avec quelques-uns de ses compagnons et s'arrête à l'Ouest d'*Oumm As'er'* (ام اصغ).

Rejoint en cet endroit par le gros des pèlerins, il continue la marche et fait la halte méridienne à l'Ouest de *K's'ar Rah'im* (قصر رحيم).

Piqué pendant la sieste par une araignée venimeuse, il est obligé de s'arrêter de nouveau à *Aïn H'oneidhel* (عين حنيظل) et pousse avec peine jusqu'à *Karir* (كرير) où tout le monde campe.

On fait séjour le mercredi pour lui permettre de se reposer.

JEUDI, 7 REBIA 2d (5 JUIN)

On arrive au lever du soleil à *Zelfa* (زلفا), où se trouve le rekeb de Tunis. On passe les heures de la grosse chaleur à l'ombre de l'enceinte d'*Abousir* et on s'arrête pour la nuit au puits de *Bordan* (بردان), au bord de la mer. Eau passable.

VENDREDI, 8 REBIA 2d (6 JUIN)

On installe le campement pour la nuit à l'aiguade d'*Ech-Chemmama*, où l'on fait eau pour arriver jusqu'à *Djemima*. Les puits d'*Ech-Chemmama* sont amers et salés. On en trouve cependant quelques-uns dont l'eau est potable.

SAMEDI, 9 REBIA 2d (7 JUIN)

On passe la nuit au-dessous d'*Abou Derdj* (ابو درج).

DIMANCHE ET LUNDI, 10 ET 11 REBIA 2d (8 ET 9 JUIN) (1)

On arrive après midi à *Djemimu*, dont les puits ont des eaux de qualité différente. Les uns sont salés, d'autres assez bons.

MARDI, 12 REBIA 2d (10 JUIN)

On passe au dhouh'a à une citerne pleine près de laquelle on se repose. On campe pour la nuit à l'aiguade d'*El Medar*, où l'on abreuve les bêtes et où l'on fait provision d'eau pour franchir les trois étapes jusqu'à *Djerdjoub*.

MERCREDI, 13 REBIA 2d (11 JUIN)

Moulay Ah'med, qui devance la caravane avec quelques compagnons montés sur des mulets, arrive à *Aïn Bou Koudoua* (عين ابى كدوة), appelée aussi *El Aïn Ez-Zerga* (العين الزرقا), source salée mais fraîche au pied des hauteurs. Il s'y repose jusqu'après l'âs'er, et rejoint par le rekeb, il continue la marche jusqu'à la tête de l'*Oued Khebir* (وادى كبير), où l'on installe le campement pour la nuit.

La caravane avait pris à gauche le terrain facile du pays de Bark'a, tandis que le rekeb de Tunis continuait à suivre le bord de la mer.

JEUDI, 14 REBIA 2d (12 JUIN)

On passe à *Bou H'alag*, citerne qui, dit-on, a de l'eau en toutes saisons. On y fait la prière de midi et on dépêche de là un courrier aux amis de *Derna* pour leur demander d'apporter des vivres à *Et-Temimi*, suivant l'usage établi de temps immémorial.

On campe pour la nuit à l'Est de *H'alazin* (حلازين), à l'Ouest de *Bir El Amlez* (بير الاملز).

VENDREDI ET SAMEDI, 15 ET 16 REBIA 2d (13 ET 14 JUIN)

On passe au moment du dhouh'a aux *Sept Puits*. Les chameliers partent en avant pour aller curer les puits de *Djerdjoub*.

On s'arrête après midi à *El K'obour* (القبور) où l'on trouve de l'eau

---

(1) D'après les dates et les jours de la semaine donnés par Moulay Ah'med, il manque un jour entre Alexandrie et Djerdjoub. Cette erreur provient d'un séjour non indiqué. J'ai ajouté cette journée comme séjour à Djemima.

dans des citernes, puis on va camper à *Djerdjoub*, à l'âs'er, où est déjà installé le rekeb de Tunis.

L'avant-garde de la caravane avait trouvé près de ce point un navire chrétien à l'ancre et avait échangé avec lui quelques coups de feu. Ce navire mit à la voile dans la direction de l'Est et cingle ensuite vers l'Ouest.

Sur les instances des chameliers, on fait séjour le samedi à *Djerdjoub* pour débâter les chameaux et les laisser se reposer.

DIMANCHE, 17 REBIA 2d (15 JUIN)

Le dimanche on fait halte à Chemmas, où se trouvent un puits salé et saumâtre et un autre d'eau douce mais comblé par le sable.

Après midi, on passe à l'Est d'*Alem El Djoloud* (علم الجلود) ; on fait la prière de l'âs'er entre *El Akkara Ech-Cherk'ia* (العكارة الشرقية) et *Râi Es-S'ofra* (راي الصفرا) et on passe la nuit en face de ce dernier point.

LUNDI, 18 REBIA 2d (16 JUIN)

On s'arrête jusque vers midi à *Alouet El Khochoum* (علوة الخشوم), point que d'autres appellent *Ez-Zoheïri* (الزهيري). Moulay Ah'med fait remarquer que, pour la dénomination des endroits peu connus, il s'en est toujours rapporté aux renseignements fournis par les Bédouins de la caravane qui connaissaient bien le pays.

On fait une seconde halte pour l'âs'er à l'Est d'*El Khour* (الكور), et vers la fin de l'après-midi, on s'arrête pour la nuit à *Rok'bet El Kherarib* (رقبة الكراريب), dans le voisinage d'*El Khour*.

MARDI, 19 REBIA 2d (17 JUIN)

On déjeune près du r'edir de *Hodeïla* (هديلة), puis après le passage du rekeb, on continue la marche jusqu'à l'aiguade d'*Amk'areb* (امقرب), où l'on arrive après midi. On y passe la nuit.

MERCREDI, 20 REBIA 2d (18 JUIN)

La caravane part après la prière du matin. Le rekeb des gens de Tunis suit la route habituelle de *Bent El Abiodh* (بنت الابيض) pour atteindre l'*Ak'aba El Kebira*. Moulay Ah'med et ses compagnons prennent à gauche le chemin plus facile d'*El Arik'ib* (العرقيب).

Au dhouh'a, on franchit facilement la pente de l'*Ak'aba* sans que personne soit obligé de mettre pied à terre. On fait la prière de midi à l'Ouest de *Siouiat* (سويات) et on s'arrête pour camper entre *Siouiat* et *Ouchket Et'-T'aïch* (وشكة الطايش) qu'on appelle également *Rous Et'-T'orouk'* (les têtes des chemins).

JEUDI, 21 REBIA 2d (19 JUIN)

On passe après midi auprès du tombeau du Cheikh Aziz (1), très vénéré par les Arabes de la région. Auprès du tombeau se trouvaient des charges de marchandises rangées et confiées à la garde du Saint. Personne n'y touche.

On arrive à *El Khocheïba* un peu avant l'âs'er. Les citernes ont été troublées par le passage du rekeb de Tunis qui est en avant. Dans l'une d'elles, on recueille un peu d'eau bourbeuse.

On continue la marche et on va passer la nuit entre *K's'ar Er-Rettab* (قصر الرتاب) et *El Khouir* (الكوير).

VENDREDI, 22 REBIA 2d (20 JUIN)

Au dhouh'a on s'arrête à *Sk'ifet El Ar'rabat* (سقيفة الاعرابات), une des excavations de la région d'El Bat'nan. On installe le campement de nuit à *Defna*, où les pèlerins font du commerce avec les tribus arabes de la région.

SAMEDI, 23 REBIA 2d (21 JUIN)

On fait halte au commencement de la région de *Dhoheïr Fial* (ظهير فيال). On campe pour la nuit à l'extrémité Ouest de cette région.

DIMANCHE, 24 REBIA 2d (22 JUIN)

On fait la prière de midi près des *Sept Arbres* et celle de l'âs'er dans le voisinage d'une citerne contenant de l'eau. On passe près de très beaux champs cultivés et on campe à l'Est d'*El Medouer*.

---

(1) Dans le voyage d'El Aiachi publié à Fez, ce cheikh est appelé Sidi Azir ou Azeïr.

LUNDI, 25 REBIA 2d (23 JUIN)

Halte méridienne à *Es-Sedd* (السد), où des cavaliers apprennent au rekeb que les gens de *Derna* n'apporteront à *Et-Temimi* que des provisions insuffisantes.

On continue la marche après midi et on passe la nuit à l'Ouest de *Bou H'asana* (ابو حسنة).

MARDI ET MERCREDI, 26 ET 27 REBIA 2d (24 ET 25 JUIN)

On dépasse la Sebkha d'*Aïn El R'ezala*, entourée de roseaux, de tamarix et de plantes aquatiques.

Quand la région n'est pas trop fréquentée, on y trouve du gibier en abondance.

Après la halte méridienne sur un vaste plateau on se remet en marche et on arrive à *Et-Temimi* un peu avant l'âs'er.

On installe le camp sur un large plateau dont le sol est tellement dur et pierreux qu'il est impossible d'y faire pénétrer les piquets et qu'on doit fixer les cordes des tentes au moyen de pierres.

Les amis de Moulay Ah'med et les t'olbas de *Derna* qui viennent le saluer à son passage apportent des concombres, des melons, des abricots et du pain. Les commerçants n'ont malheureusement que des provisions très insuffisantes pour les besoins de la caravane. On leur achète des abricots, du miel, de la farine, du beurre et de l'orge.

Les pèlerins, très alarmés par ce manque de vivres, songent à aller à *Derna;* mais ils y renoncent et décident de suivre le chemin de la montagne où l'on pourra trouver à acheter quelques provisions aux arabes de la région.

Derna avait été ensanglantée récemment par des troubles provoqués par la tyrannie du Gouverneur Turc à l'égard des Arabes. Il y avait eu de nombreux morts de part et d'autre.

Cette capitale de *Djebel El Akhdhar* est arrosée par des eaux abondantes. Les jardins plantés d'arbres fruitiers et de vignes, les marchés et les fondouk's y sont très nombreux.

La population est devenue fort importante. Un ami auquel il pouvait se fier affirma précédemment à Moulay Ah'med que les gens seuls de *Mes'rata* habitant *Derna* pouvaient fournir huit cents hommes en état de porter les armes.

La caravane fait séjour à *Et-Temimi.*

Elle fait une provision d'eau de quatre jours pour atteindre l'aiguade de *Djerdebin* (جردبين) (1).

Il suffit de creuser un peu le lit de l'oued Et-Temimi pour avoir une eau aussi pure et aussi douce que celle du Nil. Quant à la *Sania* près de laquelle était campé le rekeb, son eau est un peu salée.

Au bord de la mer, il existe une source comme celle d'*Aïn El R'ezala.*

JEUDI, 28 REBIA 2d (26 JUIN)

Le jeudi la caravane quitte *Et-Temimi* pour s'engager dans le désert redoutable qui est en avant de ce point. On fait la prière de midi à *El Djerara* (الجرارة) et on campe après l'âs'er à l'Est d'*El K'ariat* (القريات).

VENDREDI, 29 REBIA 2d (27 JUIN)

On part le matin. Les pèlerins redoutant la soif sont dans l'angoisse. Quelques-uns d'entre eux se détachent pour aller faire eau, s'il est possible, au r'edir de *Bou Hendi ;* ils trouvent un peu d'eau dans une citerne et reviennent sans avoir atteint ce point.

On passe à midi à *El Mehkili* (2) dont les citernes sont vides et on campe vers la fin de l'après-midi, entre ce point et l'*Oued El Khasfa* (وادى الخسفة).

SAMEDI, 1er DJOUMADA 1er (28 JUIN)

On dépasse l'*Oued El Khasfa.* Un groupe de pèlerins part avec des outres pour aller voir si le r'edir d'*Et-Trab* contient de l'eau.

On s'arrête pour la prière de l'âs'er à *El H'amama* (الحمامة). A ce moment, les gens qui étaient allés à *R'edir Et-Trab* (غدير التراب), envoient chercher des chameaux pour transporter les outres qu'ils ont réussi à remplir.

On s'était écarté du chemin de *Seroual* pour prendre celui qui passe à *Djerdebin*, bien que cette aiguade n'ait que peu d'eau. On

(1) Le manuscrit donne une fois la leçon Djerdina et trois fois celle de Djerdebin, qui ne paraît pas plus sûre que la précédente. Peut-être s'agit-il là de l'aiguade de Djerdes, située au Nord-Est de Solouk, sur la route qui va directement par la montagne d'Et-Temimi à Benghazi.

(2) Le manuscrit donne cette fois comme troisième variante *El Mekhtalif*, leçon évidemment fautive.

craignait surtout de la trouver épuisée après le passage du rekeb de Tunis.

Après avoir installé le campement pour la nuit près du bas-fond de *Doura*, on décide d'envoyer sur le champ à la découverte de l'eau des guides de la caravane, afin d'éviter le passage à *Djerdebin*.

DIMANCHE, 2 DJOUMADA 1er (25 JUIN)

On part après la prière du matin. On passe au dhouh'a dans le bas-fond de *Doura*. La marche reprise, on voit venir deux cavaliers qui annoncent qu'il y a des r'edirs pleins à *Ech-Chebika*.

On se dirige de ce côté, abandonnant la route de *Djerdebin*, et on campe enfin auprès de cette eau si désirée. Deux des r'edirs étaient si vastes et si remplis qu'ils auraient suffi à abreuver tous les rekebs à l'aller et au retour. Un des pèlerins entra dans un troisième et eut de l'eau jusqu'à la tête.

On fait une provision d'eau pour cinq jours ; on décide de ne pas passer par *Solouk* et d'aller directement sur *Adjedabia*.

LUNDI, 3 DJOUMADA 1er (30 JUIN)

Départ d'*Ech-Chebika*. On arrive au dhouh'a à la grande rivière de *Samalous* qui descend du *Djebel El Akhdhar* et reçoit de nombreux affluents. On y trouve des fossés pleins d'eau de pluie.

On fait la prière de l'âs'er à l'*Oued Mezreb* et l'on campe entre cet oued et l'*Oued Adouan*, vers la fin de l'après-midi.

MARDI, 4 DJOUMADA 1er (1er JUILLET)

Le lendemain mardi, on traverse l'*Oued Adouan* et on fait halte au dhouh'a sur un large plateau aux pentes rocailleuses. On fait la prière de midi à l'*Oued Mesous* et l'on campe au soir à *Djerir El Hizam* (جرير الحزام).

MERCREDI, 5 DJOUMADA 1er (2 JUILLET)

On suit le lit d'*Aoudiet El Kerdas* jusqu'au bout ; avant l'âs'er, on descend la pente qui donne accès de *Seroual* à *Bark'a*. Là finit l'*Adjeramia*, terre où ne pousse que l'*Adjerem* (salsolée appelée par les différents naturalistes *salsola lignosa*, *anabasis articulata* ou *rhamnus punctata palestina*) et qui s'étend de l'*Oued Mesous* à cet endroit.

On campe au commencement de la région de *Bark'a* à l'Est d'*El Alam* (العلم).

JEUDI, 6 DJOUMADA 1er (3 JUILLET)

On arrive au dhouh'a à l'extrémité occidentale d'*El Alam*. Après avoir fait la halte méridienne près d'*El Ouchka* (الوشكة). On s'arrête au soir à *Saniet Chebika* (سانية شبيكة).

VENDREDI, 7 DJOUMADA 1er (4 JUILLET)

Le vendredi, dans la matinée, on atteint *Adjedabia* où les pèlerins boivent à satiété l'eau excellente des puits creusés dans le roc. La caravane y passe le reste de la journée et la nuit.

SAMEDI, 7 DJOUMADA 1er (5 JUILLET)

On passe au dhouh'a à *El Djedid* (1), à une parasange d'*Adjedabia*, où se trouvent trois puits taillés dans le roc comme ceux de l'étape précédente, à côté des ruines d'un K's'ar.

Halte méridienne en un point d'où l'on aperçoit un long tombeau que les Arabes de la région prétendent être celui d'Ameur El Khafadji.

On fait la prière de l'âs'er à *Keman El H'obara* (كمان الحبارى) et vers la fin de l'après-midi on campe à *Es-Soiouk'* (السيوف).

DIMANCHE, 9 DJOUMADA 1er (6 JUILLET)

Au dhouh'a, on s'arrête à *El Mes'anâ* (المصانع). On fait la halte méridienne à *K's'our El At'lat* (قصور العطلات) et on s'arrête, après l'âs'er à l'aiguade de *K'ah't'aba* (قحطبة), au bord de la mer, où l'on trouve une bonne eau.

On enterre là un pèlerin de l'oued Dra, mort pendant l'étape. Pendant cette même journée, un autre pèlerin du Maroc, qui s'était égaré, ne reparaît plus, et ne peut être retrouvé malgré les recherches faites le lendemain.

LUNDI, 10 DJOUMADA 1er (7 JUILLET)

Le lendemain lundi, on arrive après midi à l'aiguade d'*El Menâm*,

(1) Variante : El Djedida.

où l'on fait provision de bonne eau pour cinq jours. Ce soir là meurt une pieuse femme qui avait déjà accompagné Moulay Ah'med dans un de ses précédents pèlerinages.

MARDI, 11 DJOUMADA 1er (8 JUILLET)

On passe au dhouh'a à la Sebkha de *Serr'in* (سرغين), on prend à droite pour faire la halte méridienne à l'aiguade de *Bou Chdïfa*, au bord de la mer : eau un peu salée ; on rejoint le rekeb, à l'âs'er, au commencement de la Sebkha de *Mek'tâ El Kebrit* et on campe à son extrémité occidentale, près d'*El Djebel El Khachch* (الجبل الكاش la montagne pénétrante).

Les arabes de la région disent que ce point est au commencement de la région de *Sort* du côté de l'Est et marque la limite occidentale du pays de Bark'a.

MERCREDI, 12 DJOUMADA 1er (9 JUILLET)

Au dhouh'a, on passe à *Oumm El R'eranik'*, longue bande de sable blanc qu'on voit à droite. On arrive à la fin de l'après-midi à l'*Oued El Guet'of* (وادى القطوف), où l'on passe la nuit.

Quelques pèlerins vont en amont de l'oued jusqu'à *El H'addadia* (الحدادية), pour abreuver leurs bêtes à la Sania qui contient une eau un peu amère.

JEUDI, 13 DJOUMADA 1er (10 JUILLET)

Au dhouh'a, on traverse l'oued. Des pèlerins partis en avant avec leurs outres font une pointe sur *El Koh'eïla*.

Halte méridienne sur une hauteur, près du bord de la mer.

On fait la prière de l'âs'er à l'*Oued El Koh'eïla* d'où l'on aperçoit l'aiguade de *Bou Kelila* (بو كليلة), qui donne une eau salée, bonne seulement pour les chameaux.

On s'arrête au soir dans l'*Oued El H'addjadj* (وادى الحجاج) au Sud d'*El Ihoudia*.

VENDREDI ET SAMEDI, 14 ET 15 DJOUMADA 1er (11 ET 12 JUILLET)

On passe au dhouh'a près de hauteurs sur lesquelles se trouvent des cimetières, à l'Ouest d'*El Ihoudia*.

On fait la halte méridienne à *Er-Rah'bia* (الرحبية) sur des collines en vue de la mer.

On fait la prière de l'âs'er à *Ech-Chegga* (الشقة), où l'on trouve un puits d'eau fraîche, légèrement amère. La caravane campe pour la nuit à la limite de la Sebkha d'*El Aouidja* (العويجة), entre *El Mâredja* (المرجة) et *Ech-Chegga*, mais plus près d'*Ech-Chegga*.

L'aiguade d'*El Aouidja* comprend de nombreux puits creusés par les Arabes de la région ; mais leur eau est tellement saumâtre qu'elle est presque impotable.

Cependant des pèlerins rapportèrent de cette aiguade une eau passable, meilleure que celle que l'on trouve entre *El Menâm* et *En-Nâïm*.

Moulay Ah'med reçoit là la visite de Sidi Khalifa, chef des Oulad Sidi Nas'er, marabout de *Sort*, qui lui présente ses fils. Il confère à l'un d'eux le titre de Mok'addem de son ordre (Nas'eria de Tamegrout).

La caravane fait séjour en ce point afin que les pèlerins puissent acheter des vivres aux gens de *Sort*.

DIMANCHE, 16 DJOUMADA 1er (13 JUILLET)

Le dimanche, on part avant le jour ; on fait la prière du matin à l'*Oued Mechâoud* (وادي مشعود).

Au dhouh'a, on passe à l'Est de *Ech-Cher'fa* (الشعفة), puis on incline vers la droite pour gagner l'aiguade d'*El Menchi* (المنشي), où l'on croyait, sur la foi des renseignements donnés par un bédouin, trouver un puits de bonne eau. On constate que l'eau des puits de cette aiguade est comme les autres.

Après avoir fait la halte méridienne sur une hauteur dominant la mer et exposée à la brise, on va camper à *El Ah'mar ;* eau assez bonne.

LUNDI, 17 DJOUMADA 1er (14 JUILLET)

On fait halte au dhouh'a sur un monticule à la limite de la Sebkha d'*El Ah'mar* et avant la fin de la matinée, on campe à l'aiguade d'*En-Nâïm*, où l'on trouve en abondance une eau claire et fraîche.

MARDI, 18 DJOUMADA 1er (15 JUILLET)

On arrive au dhouh'a au-dessus de l'aiguade d'*Oumm Es-Solt'an*, puis on fait la halte méridienne à l'aiguade de *Moneïchi Modeïna* (منيشى مدينة) et on campe le soir à *Kareba* (كاربة).

MERCREDI, 19 DJOUMADA 1er (16 JUILLET)

Départ avant le jour. Halte méridienne à *Et'-T'ouil* (الطويل). On campe à l'às'er à *Ez-Zâfrane ;* eau abondante et excellente.

JEUDI, 20 DJOUMADA 1er (17 JUILLET)

Le jeudi, la caravane se met en marche après la prière du matin. Elle passe au dhouh'a à *Guekraret Es-Seder* (قرارة السدر) et fait la halte méridienne à l'*Oued El K'obeïba* (وادى القبيبة). On arrive à l'às'er au puits de *Met'raou*, où l'on trouve en abondance une eau salée et amère. On campe le soir à l'Ouest de *Djaref* (جارف).

VENDREDI, 21 DJOUMADA 1er (18 JUILLET)

On fait halte pendant la grosse chaleur à *Bir H'assan ;* on s'arrête pour la prière de l'às'er à *Cherf H'assan* et on va camper pour la nuit à quelques milles à l'Ouest de ce point.

H'assan est une aiguade sur laquelle on ne peut compter que dans les années pluvieuses. Il est rare d'y trouver de l'eau en quantité suffisante pour les besoins du rekeb.

SAMEDI, 22 DJOUMADA 1er (19 JUILLET)

Au dhouh'a, on passe à *Kerar Bou Redjin* (كرار ابى رجين) ; on traverse une partie de la *Sebkha El Mekhit'a* (المخيطة), on fait la halte méridienne à droite sur une hauteur exposée à la brise de mer et après avoir franchi la Sebkha on campe à *El Haouicha*, où les chameliers abreuvent leurs bêtes.

DIMANCHE, 23 DJOUMADA 1er (20 JUILLET)

On arrive au dhouh'a à *Es' S'ak'âa* (الصقعة) longue bande de sable à gauche de la Sebkha, on fait la prière de l'às'er à *El Menzela* et on va camper pour la nuit à *El Boueïbat* (البويبات).

LUNDI, 24 DJOUMADA 1er (21 JUILLET)

On passe au dhouh'a à l'aiguade de *Semeïda*, située dans le sable, à gauche de la Sebkha, dont l'eau est un peu salée.

On fait la halte méridienne à l'aiguade d'*El Ariâr* (العريعر), près de la Sebkha, au bord de la mer, où l'on trouve une eau abondante et douce qui vaut presque celle de l'*Oued Et-Temimi*.

On s'arrête pour la prière de l'âs'er à la limite de la Sebkha de *Bou Châïfa* et on campe un mille plus loin, sur une hauteur, à droite de la route.

MARDI, 25 DJOUMADA 1er (22 JUILLET)

On part avant le jour. Au lever du soleil, Moulay Ah'med laissant le gros de la caravrne se diriger vers le *K's'ar d'Ah'med Zerrouk'*, prend à droite pour aller visiter le tombeau de *Bou Châïfa*, il rejoint ensuite le rekeb campé au dehors du village, depuis le moment du dhouh'a.

C'est la fin des angoisses éprouvées pendant la traversée des déserts qu'on vient de franchir.

On arrive à ce premier centre peuplé, le mardi 25 djoumada 1er 1122 (22 juillet 1710).

MERCREDI, 26 DJOUMADA 1er (23 JUILLET)

Les pèlerins, après avoir fait leurs dévotions au tombeau de Si Ah'med Zerrouk', reprennent leur marche pendant que Moulay Ah'med va visiter le tombeau de *Sidi Fath'allah*, près du K's'ar. Il fait la halte méridienne sur une hauteur dominant la mer et, rejoint à l'âs'er par le rekeb, il va camper pour la nuit à l'Est de *Silik'* (سليق), puits qui se trouve sur la route des pèlerins.

JEUDI, 27 DJOUMADA 1er (24 JUILLET)

On s'arrête pendant la chaleur à Zeliten près du tombeau de Sidi Abd Es-Selam. On repart après la prière de midi et on s'arrête, un peu avant l'âs'er, à *El H'ot'eïba* (الحطيبة).

VENDREDI, 28 DJOUMADA 1er (25 JUILLET)

Moulay Ah'med va déjeuner avec un groupe de pèlerins chez un ami qui se trouve sur la route. Il fait ensuite une pointe jusqu'au bord de la mer pour visiter le tombeau de *Sidi Meftah'*, et après la prière de midi, il rejoint le rekeb campé dans l'*Oued Lebda.*

SAMEDI, 29 DJOUMADA 1er (26 JUILLET)

Le lendemain, on descend la pente du *Djebel En-Neggaza* et, après la halte méridienne au pied de la montagne, on va camper auprès de *Medjra Selma* (مجرا سلما), bourg des Mesellata.

DIMANCHE, 30 DJOUMADA 1er (27 JUILLET)

On se repose pendant les heures chaudes au puits de *Tourr'et* (تورغت); on fait la prière de l'âs'er à l'Ouest de l'*Oued Msid* et on s'arrête pour la nuit à l'Est de l'*Oued Er-Remel*, non loin d'une petite aiguade qui se trouve au bord de la mer.

LUNDI, 1er DJOUMADA 2d (28 JUILLET)

Après avoir traversé l'*Oued Er-Remel*, on s'arrête au dhouh'a sur une hauteur dominant la mer d'où l'on aperçoit les palmiers de *Tadjoura*. Moulay Ah'med arrive avant les heures chaudes de *Tadjoura*. Le rekeb le rejoint à cet endroit où l'on passe la nuit.

MARDI, 2 DJOUMADA 2d (29 JUILLET)

Arrivée à Tripoli dans la matinée le mardi 2 djoumada second (29 juillet 1710).

Moulay Ah'med et sa caravane quittent cette ville le jeudi, 18 djoumada second (14 août).

TABLEAU COMPARATIF

DES

Itinéraires d'El Aiachi et de Moulay Ah'med

	ITINÉRAIRE D'EL AIACHI DE TRIPOLI AU CAIRE		ITINÉRAIRE DE MOULAY AH'MED DE TRIPOLI AU CAIRE
	De Tripoli à la Zaouia d'Ah'med Zerrouk'		**De Tripoli à la Zaouia d'Ah'med Zerrouk'**
	Tadjoura (Bourgade).	1re étape	Tadjoura (Bourgade).
1re étape	Sedrat El Achar.	2e —	R'afek' (Puits, K's'ar ruiné).
	Oued Er-Remel.		Oued Er-Remel.
	Oued El Msid.		Oued El Msid.
2e —	....	3e —	....
	Oued Younout.		Tourr'et (P.).
3e —	Djebel En-Neggaza.		Djebel En-Neggaza.
	Sah'el H'amed (Bourgade).	4e —	Alahoum (K's'ar, R.).
	Oued Tarer'lat.		Sah'el H'amed (Bourgade).
4e —	Zeliten (Bourgade).	5e —	Adjtalik' (Bourgade).
5e —	Au delà de Mes'rata.	6e —	A l'ouest de Mes'rata.
6e —	Zarouia d'Ahmed Zerrouk'.	7e —	Zaouia d'Ah'med Zerrouk'.
	De la Zaouia d'A'hmed Zerrouk' à En-Nâïm		**De la Zaouia d'Ah'med Zerrouk' à En-Nâïm**
	K'sar Ah'med (Bourgade).		K's'ar Ah'med (Bourgade).
	El Ariâr (P.).		El Ariâr (P.).
1re —	Bou Koudia (P.).		Semeïda (P.).
2e —	En avant de la Haïcha.	1re —	....
	La Haïcha.	2e —	A l'ouest de la Haïcha.
3e et 4e	Pour H'assan.	3e —	H'assan (Puits, Citernes, Ruines).
	H'assan (Puits, Citernes, Ruines).	4e —	Met'raou (P.).
5e —	....		
6e —	Ez-Zâfran (P. R.).		
7e —	Amkirina (P.).		

ITINÉRAIRE D'EL AIACHI DE TRIPOLI AU CAIRE

El Modeïna (P.).
Oumm Es Solt'an (P.).
8e étape En-Nâïm (P.).

D'En-Nâïm à El Menâm

El Ah'mar (P.).
El Aouidja (P.).
1re — Ech-Chegga (P.).
El Ihoudia (R.).
2e — ....
K's'ar El At'ich.
El Koh'eïla (P.).
3e — ....
Oumm El R'aranik' (P.).
4e — Sebkha de Mek't'â El Kebrit.
5e — El Menâm (P.).

D'El Menâm à Et-Temimi en passant par Solouk

3e — Adjedabia (P. R.).
6e — Solouk (P. R.).
7e — Pied du Djebel El Akhdhar.
El Khat'at'if.
9e — El Kharroube.
10e — Oued Samalous.

ITINÉRAIRE DE MOULAY AH'MED DE TRIPOLI AU CAIRE

5e étape K's'ir Ed Debban.
6e — ....
7e — En-Nâïm (P.).

D'En-Nâïm à El Menâm

El Ahmar (P.).
1re — El K'abr.
El Ihoudia (R.).
2e — ....
El Koh'eïla (P.).
El H'addadia (P.).
3e — ....
4e — Sebkha de Mek't'a El Kebrit.
El Menâm (P.)
5e — ....

D'El Menâm à Et-Temimi sans passer par Solouk

1re — El Mes'anâ.
2e — El Djedida (Puits, K's'ar ruiné).
Adjedabia (Puits, Ruines).
Ech-Chebika (Sania).
3e — ....
4e — Kerdas.
5e — Oued Mesous.
K's'ar de l'Oued Mesous.
Oued Adouan.
6e — Oued Mezreb.
Oued Samalous.
7e — Ech-Chebika.

ITINÉRAIRE D'EL AIACHI DE TRIPOLI AU CAIRE

	K's'ar El Mekhili (R. Grandes Citernes).
12e étape	....
13e —	El K'ariat (R.).
14e —	Et-Temimi (P.).

D'Et Temimi à El Medar

	Aïn El R'ezala (Source).
1re —	....
e —	El Medouer (Citernes).
3e —	En face de Defna.
	El Aridh.
4e —	Plateau de l'Ak'aba.
5e —	Foum El Ak'aba El Kebira.
6e —	Bak'bou (P.).
7e —	K'othbal (P.).
8e —	Chemmas (P.).
	Halk' Ed-Dhebâ.
9e —	K'abr El As'i.
	El Abdia (P.).
	El Motaïrih' (P.).
10e —	El Met'rouh' (P.).
11e —	....
	El Medar (P.).

ITINÉRAIRE DE MOULAY AH'MED DE TRIPOLI AU CAIRE

	Tinmalak'.
8e étape	....
	K's'ar El Mekhili (R. Grandes Citernes).
9e —	Sans nom.
11e —	Et-Temimi (P.).

D'Et Temimi à El Medar

1re —	Boul Feraïs.
	Aïn El R'ezala (Source).
2e —	Boul H'as'n.
	El Medouer (Citernes).
3e —	Ech Chadjrat Es-Sebâ.
	El Mer'aïr.
5e —	....
6e —	Plateau de l'Ak'aba.
7e —	Amk'areb (P.).
8e —	El Khechoumi.
9e —	....
	El Mâmoura.
10e —	El Abiar Es-Sebâ.
11e —	Bou H'alag (Citernes).
13e —	K'as'bat El Medar (P.).

ITINÉRAIRE D'EL AIACHI DE TRIPOLI AU CAIRE

	D'El Medar au Caire
	Descente de l'Ak'aba Es-S'r'ira.
1re étape	Sania non nommée.
2e —	Djemima (P.).
3e —	Point non nommé.
4e —	El Omeïdateïn (P. R.).
	En vue d'Abousir.
5e —	Région au Sud d'Alexandrie.
6e —	Oued Er-Rohban.
	Oued En-Natroun.
7e —	Point sans nom.
8e —	El Mansouria (K's'ar).
	Ouasim (K's'ar).
9e —	Anbaba (K's'ar).
10e —	Le Caire.

ITINÉRAIRE DE MOULAY AH'MED DE TRIPOLI AU CAIRE

	D'El Medar au Caire
1re étape	Bou Seh'ima.
	Descente de l'Ak'aba Es-Sr'ira.
2e —	Ras El H'as'an.
3e —	Douil En-Nâma.
4e —	Ech-Chemmama (P. R.).
5e —	....
	Alouiet Et-Themar.
6e —	....
	Er-Rok'ba.
7e —	Oued Er-Rohban.
8e —	Ed-Dhemiri.
	Abou Rouas (K's'ar).
	Kerdasa (K's'ar).
9e —	Saft'et El-Leben.
	Anbaba (K's'ar).
10e —	Le Caire.

ITINÉRAIRE D'EL AIACHI D'ALEXANDRIE A TRIPOLI		ITINÉRAIRE DE MOULAY AH'MED D'ALEXANDRIE A TRIPOLI
D'Alexandrie à El-Medouer		**D'Alexandrie à El-Medouer**
Jusqu'à El Medouer, El Aiachi ne donne pas le détail des étapes dans son itinéraire de retour.		Oumm As'er'.
		K's'ar Rah'im.
	1re étape	Karir (P.).
		Zelfa.
		Abousir (R.).
	2e —	Bordan (P.).
	3e —	Ech-Chemmama (P. R.).
	4e	Bou Derdj.
	5e —	Djemima (P.).
	6e —	El-Medar (P.).
		Aïn Bou Koudoua (Source).
	7e —	Oued Khebir.
		Bou H'alag (Citernes).
	8e —	H'alazin, à l'O. de Bir El Amlez.
		El Abiar Es-Sebâ.
		El K'obour (Citernes).
	9e —	Djerdjoub (P.).
		Chemmas (K's'ar ruiné et puits).
		Alem El Djoloud.
		El Akkara Ech-Cherk'ia.
	10e —	Râi Es'-S'ofra.
		Alouet El Khochom (ou Ez-Zoheïri).
		El Khour.
	11e —	Rok'bet El Kherarib.
		Hodeïla (R'edir).
	12e —	Amk'areb (P.).

	ITINÉRAIRE D'EL AIACHI D'ALEXANDRIE A TRIPOLI		ITINÉRAIRE DE MOULAY AH'MED D'ALEXANDRIE A TRIPOLI
			Montée de l'Ak'aba.
		13e étape	....
			Siouiat.
			Ouchket Et'-T'aïch.
			El Khocheïba (Citernes).
			K's'ar Er-Rettab.
		14e —	....
			El Khouir.
		15e —	Defna.
		16e —	Dhoheïr Fial.
			Ech-Chadjrat Es-Sebâ.
		17e —	....
	El Medouer (Ce point n'est atteint par El Aiachi que 27 jours après le départ d'Alexandrie).		El Medouer (Citernes).
			D'El Medouer à Et-Temimi
			Es-Sedd.
	D'El Medouer à Et-Temimi		Bou H'asana.
1re étape	Bas fond d'Aïn El R'ezala.	1re —	....
3e —	A l'Ouest d'Aïn El R'ezala.		Sebkha d'Aïn El R'ezala.
4e —	Et-Temimi (P.).	2e —	Et-Temimi (P.).
2e —	Bou Hendi (R'edir).		**D'Et Temimi à Adjedabia**
3e —	....		El Djerara.
6e —	Oued Samalous.	1re —	....
			El K'ariat (R.).
			K's'ar El Mekhili (Citernes P.).
		2e —	....
			Oued El Khasfa.
			El H'amama.
		3e —	Doura.
		4e —	Ech-Chebika.
			Oued Samalous.

ITINÉRAIRE D'EL AIACHI D'ALEXANDRIE A TRIPOLI

K's'our El Redjbia.

10e étape — El Boioub.

Adjedabia (Puits et Ruines).

13e — ....

D'Adjedabia à El Menâm

2e — K's'eirat Ouâtela.

3e — Sebkha en deçà d'El Menâm.

El Menâm (Puits).

4e — ....

D'El Menâm à El Ah'mar

2e — Sebkha de Mek't'â El Kebrit.

4e — Région d'El Koh'eïla.

ITINÉRAIRE DE MOULAY AH'MED D'ALEXANDRIE A TRIPOLI

Oued Mezreb.

5e étape — ....

Oued Adouan.

Oued Mesous.

6e — Djerir El H'izam.

Aoudiet El Kerdas.

7e — ....

El Alam.

El Ouchka.

8e — Saniet Chebika.

9e — Adjedabia (Puits et Ruines).

D'Adjedabia à El Menâm

El Djedid (P. R.).

Keman El H'obara.

1re — Es-Soiouk'.

El Mes'anâ.

K'sour El At'lat.

2e — K'ah't'aba (P.).

3e — El Menâm (Puits).

D'El Menâm à El Ah'mar

Sebkha de Serr'in.

Bou Châïfa (P.).

1re — Mek't'â El Kebrit.

Oumm El R'aranik' (P.).

2e — Oued El Guet'of.

Oued El Koh'eïla.

3e — Oued El H'oddjadj.

ITINÉRAIRE D'EL AIACHI D'ALEXANDRIE A TRIPOLI

1re étape	....
	Ech-Chegga (P.).
6e —	Au delà d'Ech-Chegga.
	K'abr En-Nouir.
7e —	El Ah'mar (P.).

D'El Ah'mar à K's'ar Ah'med

1re —	....
	El Modeïna (P.).
3e —	Ez-Zâfran (P.).
5e —	K's'our H'assan (P. R.).
6e —	....
	La Haïcha.
8e —	Bou Koudia.
9e —	K's'ar Ah'med.

ITINÉRAIRE DE MOULAY AH'MED D'ALEXANDRIE A TRIPOLI

	Er-Rah'bia.
	Ech-Chegga (P.).
4e étape	....
	El Mâredja.
	Sebkha d'El Aouidja.
	Oued Mechâoud.
	Cher'fa.
	El Menchi (P.).
5e —	El Ah'mar (P.).

D'El Ah'mar à K's'ar Ah'med

1re —	En-Nâïm (P.).
	Moueïchi Modeïna.
2e —	Kareba.
	Et'-T'ouil.
3e —	Ez-Zâfran (P. R.).
	Guereret Es-Seder.
	Oued El K'obeïba.
	Met'raou (P.).
	Djaref.
4e —	....
	Bir H'assan (P. C. R.).
	Cherf H'assan.
5e —	....
	K's'ar Bou Redjin.
	Sebkha El Mekhita.
6e —	El Haouicha (P.).
	Es' S'ak'â.
	El Menzela.
7e —	El Boueïbat.
	Semeïda (P.).
	El Ariâr (P.).
8e —	Sebkha de Bou Châïfa.
9e —	K's'ar Ah'med.

ITINÉRAIRE D'EL AIACHI D'ALEXANDRIE A TRIPOLI	
	De K's'ar Ah'med à Tripoli
2e étape	Zaouia de Sidi Abd Es Selam Près de Zeliten.
	Sah'el H'amed (Bourgade).
3e —	Selim (P.).
	Djebel En-Neggaza.
4e —	Oued Younout.
	Oued El Msid.
5e —	....
	Oued Er-Remel.
	Tadjoura (Bourgade).
6e —	Tripoli.

ITINÉRAIRE DE MOULAY AH'MED D'ALEXANDRIE A TRIPOLI	
	De K's'ar Ah'med à Tripoli
1re étape	....
	Silik' (P.).
	Zeliten (Bourgade).
2e —	El H'ot'eiba.
3e —	Oued Lebda.
	Djebel En-Neggaza.
4e —	Medjra Selma (Bourgade).
	Tourr'et (P.).
	Oued El Msid.
5e —	....
	Oued Er Remel.
6e —	Tadjoura (Bourgade).
7e —	Tripoli.

Itinéraires d'El Ourtilani

Le cheikh El H'ossein ben Moh'amed Es-Sâïd El Ourtilani (de la tribu kabyle des Beni Ourtilan, dépendant actuellement de la commune mixte du Guergour, arrondissement de Bougie), est l'auteur d'une volumineuse relation, encore inédite, connue sous le nom d'*Er-Rih'la El Ourtilania*, dans laquelle il fait le récit détaillé d'un pèlerinage aux villes saintes de l'Islam.

Déjà d'une fois, il avait visité la Mekke et Médine. En 1179 (1765-1766), il entreprend le troisième voyage qui fait l'objet de sa relation.

Bien qu'il suive d'assez près Moulay Ah'med auquel il emprunte le plan et souvent la forme de sa narration, El Ourtilani n'en a pas moins produit une œuvre très personnelle qui sollicite plus spécialement l'attention et l'intéret parce qu'elle émane d'un musulman algérien.

Dans la première partie de son ouvrage, il donne sur les mœurs, les personnalités, l'état politique social et religieux de la région de Bougie, de la grande Kabylie, du Bou Taleb du Hodna oriental et du Zab dans cette seconde moitié du XVIIIe siècle, des renseignements d'une valeur incontestable que l'on chercherait vainement ailleurs.

Avant de se mettre en route avec les pèlerins de la région. El Ourtilani va rendre visite aux principaux personnages des *Beni Abbas*, de la *Medjana*, des *Zouaoua* et de *Dellys*. Il passe aux *Beni Menguellat*, aux *Beni Aïssi*, aux *Beni Fraousen*, puis se rend à *Djenâ S'aharidj* et aux *Beni Bou Chaib*.

Il fait ensuite le voyage de Bougie et donne sur un grand nombre de savants et saints de cette ville des notices détaillées dont plusieurs sont empruntées à l'*Anouan Ed-Diraia*, de R'obrini.

Il énumère également les personnalités religieuses les plus célèbres de la région kabyle située sur la rive droite de l'Oued Sah'el.

Les pèlerins des Beni Ourtilan et des tribus voisines se mettent en marche sous la conduite d'El Ourtilani, se dirigeant sur *Zemmora*. A chaque étape, de nouveaux fidèles attirés par la réputation de piété et de science du cheikh viennent grossir la caravane.

Le rekeb se forme définitivement à *K's'ar Et' T'ir* où il est rejoint par les pèlerins d'Alger et des autres parties de l'Algérie centrale et occidentale.

El Ourtilani passe aux *Ouled Derradj*, à *Barika*, *Mdoukal*, *Biskra*, visite *Sidi Ok'ba* et *Tolga*, arrive à *Khanga Sidi Nadji* et reprend à *El H'amma* l'itinéraire de Moulay Ah'med jusqu'à *Gabès* et *Tripoli*.

De cette ville jusqu'au Caire, le rekeb algérien suit la route habituelle des pèlerins du Mar'reb dont les étapes sont si complètement indiquées par El Aiachi et Moulay Ah'med.

Sauf quelques variantes de peu d'importance, El Ourtilani reproduit pour cette partie de la route les notes de voyage de son prédécesseur marocain.

J'ai cru néammoins devoir donner le résumé de son itinéraire d'aller comme confirmation des noms et des distances indiquées par El Aiachi et Moulay Ah'med.

C'est du Caire que repart la caravane algérienne à destination de Tripoli en longeant la côte de la Marmarique depuis *Ech-Chemmama* jusqu'à *Et-Temimi*.

A partir de ce point, limite orientale de l'ancienne Cyrénaïque, au lieu de s'engager en plein dans l'immense désert sans eau de *Seroual*, le rekeb suit et contourne par le Sud les contreforts du Djebel El Akhdar dont les ravins, les oueds et les bas-fonds conservent plus souvent les eaux pluviales et atteint Benghazi où il reste deux jours pour faire provision de vivres.

Il marche ensuite directement sur *Adjedabia* sans passer par les puits intarissables de *Solouk* et reprend là l'itinéraire d'aller en contournant la grande Syrte, à travers ses sebkhas et ses dunes, et en suivant à peu près le littoral jusqu'à Tripoli.

El Ourtilani regagne sa tribu montagnarde en visitant *Gabès*, *Souse*, *Tunis*, *Testour*, *Teboursouk*, le *Kaf* et *Constantine* dont il donne la description en y joignant des notices biographiques et des extraits historiques du plus grand intérêt.

Le manuscrit dont j'ai extrait ces notes appartient à M. Benmouhoub, professeur de droit à la Médersa de Constantine. Transcrit dans ces dernières années par plusieurs copistes, il contient dons son ensemble un assez grand nombre de lacunes et d'erreurs.

La partie que j'ai spécialement examinée pour cet itinéraire était, heureusement, assez correcte.

Notre distingué confrère M. Mirante, a pu se procurer trois copies de l'ouvrage d'El Ourtilani et prépare une traduction française de cette intéressante relation.

Itinéraire d'El Ourtilani, de Tripoli au Caire

El Ourtilani laisse partir en avant le rekeb.

Il quitte Tripoli avec quelques amis qui l'accompagne jusqu'au pied du *Djebel En-Neggaza* où il rejoint les pèlerins.

On franchit la montagne et on arrive à *Sah'el H'amed*, jolie ville bien peuplée, entourée d'oliviers et de palmiers, dont l'aspect verdoyant est une joie pour les yeux.

On campe ensuite près de la sebkha, et après avoir dépassé *Mes'rata*, on s'arrête pour deux jours près du tombeau de Si A'hmed Zerrouk'.

DERNIERS JOURS DE CHABAN 1179. PREMIERS JOURS DE FÉVRIER 1766.

La caravane suit à partir de ce point les itinéraires d'El Aiachi et de Moulay Ah'med.

El Ourtilani cite jusqu'à *Solouk* :

Bou Koudia, en face de Taourr'a ;

El Aouinat, eau abondante en plusieurs points, mais tellement salée que les animaux même ne la boivent pas ; il y a cependant de l'eau passable vers les bords de la sebkha, du côté de *Taourr'a* ;

Bir H'assan, au bout de la sebkha, puits destiné à recueillir les eaux de pluie auprès des ruines décrites par les deux autres voyageurs ;

Met'raou, puits unique, un peu en dehors de la route, au bord de la mer ;

Ez-Zâfran, aiguade excellente dans le sable ; environs couverts de verdure et de fleurs ;

El Ah'mar ;

En-Naïm, puits donnant une très bonne eau dont il faut faire provision jusqu'à *El Menâm* ; la région qui se trouve entre ces deux points est une des plus pénibles à traverser : c'est la sebkha de *Mek't'â El Kebrit* qui mérite bien le nom de *Sirat'* du monde (Pont sur les abîmes de l'enfer que les croyants doivent traverser pour entrer au paradis) ;

Région d'*El Ihoudia ;*

El Ko'heïla, puits tiède et salé ;

El Haddadia, aiguade comme la précédente ;

Sebkha de *Mek't'â El Kebrit* ;

El Menâm, puits excellents dans le sable au bord de la mer ;

La sebkha boueuse, qu'on ne peut traverser qu'avec un guide en suivant ses sentiers connus, séparée de la mer par des montagnes de sabl e;

Adjedabia, puits et ruines décrites par El Aiachi et Moulay Ah'med;

Solouk, à une journée de Ben Ghazi, puits nombreux et ruines.

A partir de ce point, on entre dans le désert de *Seroual* qui s'étend au Sud du *Djebel El Akhdhar* jusqu'à *Et Temimi*, sur une longueur de sept journées de marche, sans autre eau que celle des r'edirs au moment des pluies.

El Ourtilani signale dans la sixième journée de marche les vestiges d'un bourg au bord d'un oued, qui paraît ne pas avoir été ruiné depuis une époque très reculée, puisqu'on y voit encore des arbres et surtout des oliviers. L'enceinte est bien visible dans tout son développement et l'on distingue parfaitement les différentes constructions et le tracé des rues.

On y trouve des puits sans eau et un canal qui amenait à ce bourg important les eaux que l'oued charriait au moment des pluies et qui devaient seules l'alimenter.

La caravane atteint de nouveau la mer à *Et-Temimi*, où se trouvent de grands puits un peu salés et de petits puits dans le sable donnant une bonne eau.

Le rekeb, après avoir quitté *Et-Temimi*, étape voisine de *Derna*, suit le bord de la mer et passe à la source d'*Aïn El R'ezala*.

Sur toute sa route jusqu'à *Ech-Chemmama*, il trouve des r'edirs remplis par les pluies, ce qui le dispense de s'abreuver aux aiguades.

El Ourtilani signale les aiguades d'*Amk'areb*, *T'arfaoui*, *Djerdjoub*, *El Medar Et Djemima*.

On se trouve le 1er Choual (13 mars) entre *Amk'areb* et *El Medar*.

De *Djemima*, on va camper à l'Ouest d'*Ech-Chemmama*, eau détestable, sauf en un puits qui se trouve à l'Est du côté de la mer.

El Ourtilani résume son itinéraire de la façon suivante :

De la Zaouia d'Ah'med Zerrouk' à Ez-Zâfran.....	5 jours.
D'Ez-Zâfran à En-Nâïm	2 jours.
D'En-Nâïm à El Menâm........................	5 jours 1/4.
D'El Menâm à Adjedabia........................	2 jours 1/2.
D'Adjedabia à Solouk........................	2 jours 3/4.
De Solouk à Et-Temimi........................	7 jours
D'Et-Temimi à Amk'areb........................	5 jours 1/4.
D'Amk'areb à El Medar........................	4 ou 5 jours.

D'El Medar à Ech-Chemmama.................. 4 jours.
D'Ech-Chemmama à l'Oued Er-Rohban.......... 3 jours.
De l'Oued Er-Rohban au K's'our du Rif (El Mansourie) Kerdasa et Kafr Hammam où la caravane s'arrête.......... 2 jours.

On gagne de ce point *El Menchia*, sur les bords du Nil, et on s'embarque pour gagner Boulak', puis le Caire.

El Ourtilani indique ensuite la qualité des eaux aux aiguades les plus importantes :

Ez-Zâfran.......	Très bonne et très douce.
En-Nâïm........	id.
El Menâm.......	id.
Adjedabia.......	Assez bonne.
Solouk..........	id.
Et-Temimi......	Un peu salée.
T'arfaoui........	Bonne.
Djerdjoub.......	Un peu moins bonne que la précédente.
Amk'areb.......	Bonne.
El Medar........	Presque bonne.
Djemima........	Moins bonne que celle d'El Medar.
Ech-Chemmama..	Détestable.

On ne trouve plus d'eau de ce point à l'*Oued Er-Rohban*, vallée où des moines chrétiens vivent en reclus dans des châteaux où ils adorent leurs idoles.

El Ourtilani termine l'itinéraire de Tripoli au Caire en faisant remarquer que la région déserte de Bark'a, malgré son immense étendue, offre aux pèlerins une sécurité qu'on ne penserait pas y trouver. Il n'en est pas de même dans le H'edjaz où tout pèlerin qui s'écarte du gros de la caravane est sûr d'être dépouillé sinon tué.

Les pauvres pèlerins du Mar'reb, malgré leur faiblesse, franchissent chaque année bourgs, villes et contrées, sans soldats, sans munitions.

Mais la protection de Dieu qui les couvre, les défend mieux que des cuirasses doubles ; elle est un abri plus sûr que les murailles des hautes forteresses.

IMPRIMERIE TYPOGRAPHIQUE ET LITHOGRAPHIQUE S. LÉON
15, Rue de Tanger, 15

TABLE DES MATIÈRES

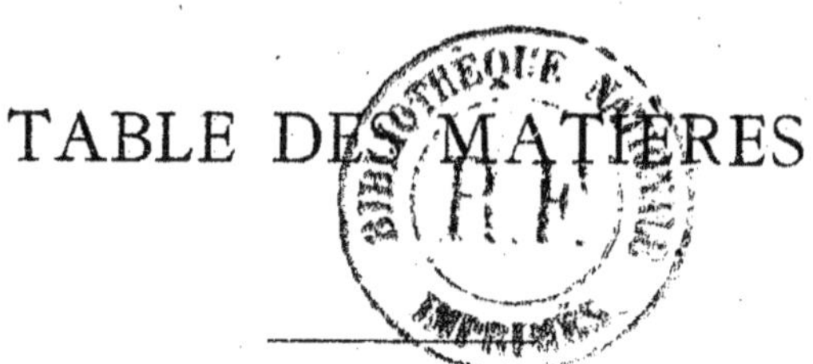

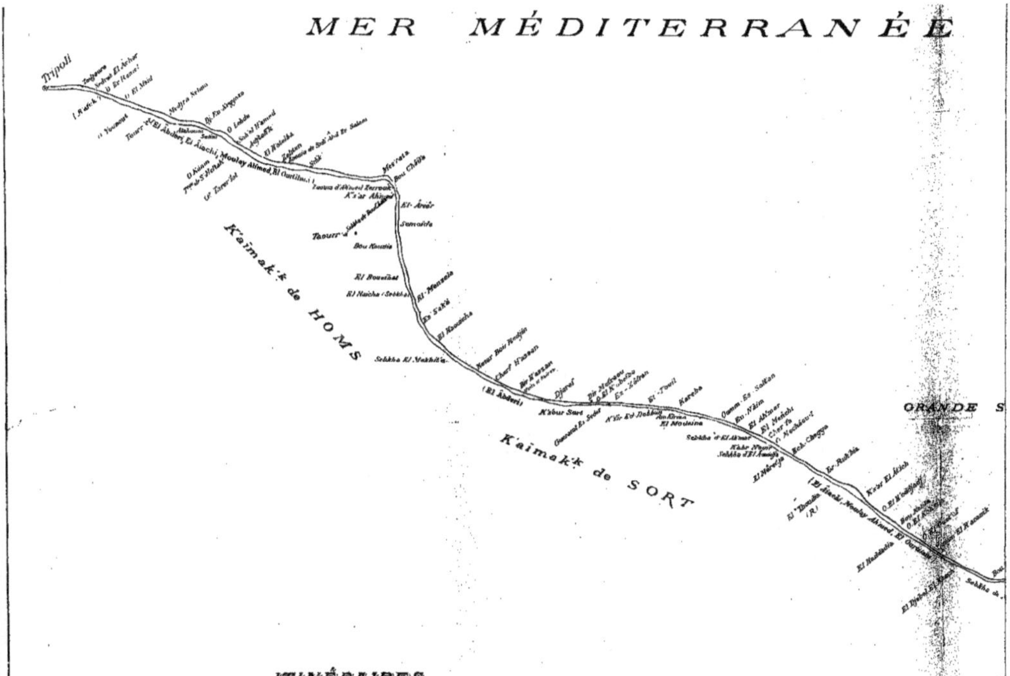

MER MÉDITERRANÉE

Tripoli

Kaïmak'k de HOMS

Kaïmak'k de SORT

GRANDE S

ITINÉRAIRES

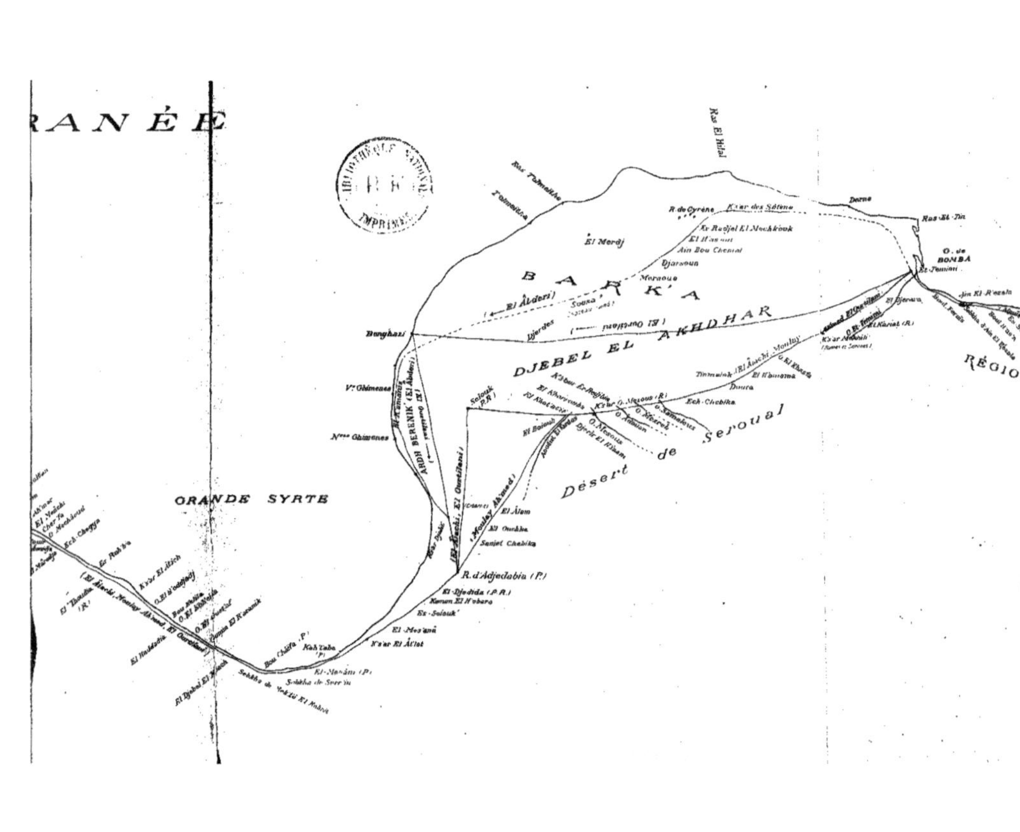
RANÉE
Ras El Hilal
Derne
Ras El Tin
O. de BONBA
R. de Cyrène
El Merdj
Meraoue
Djardes
B A R K'A
Benghazi
DJEBEL EL AKHDHAR
Désert de Seroual
GRANDE SYRTE
Ardh Berenik (El Abderi)
R. d'Adjedabia (P.)
El Djedida (P. R.)
Ech-Chebika
Douza
El Âlem
Sanjet Chebika
El Mes'ana
K'sar El Âtlat
El Mehâni (P.)
Sebkha de Serr'ia
RÉGIO

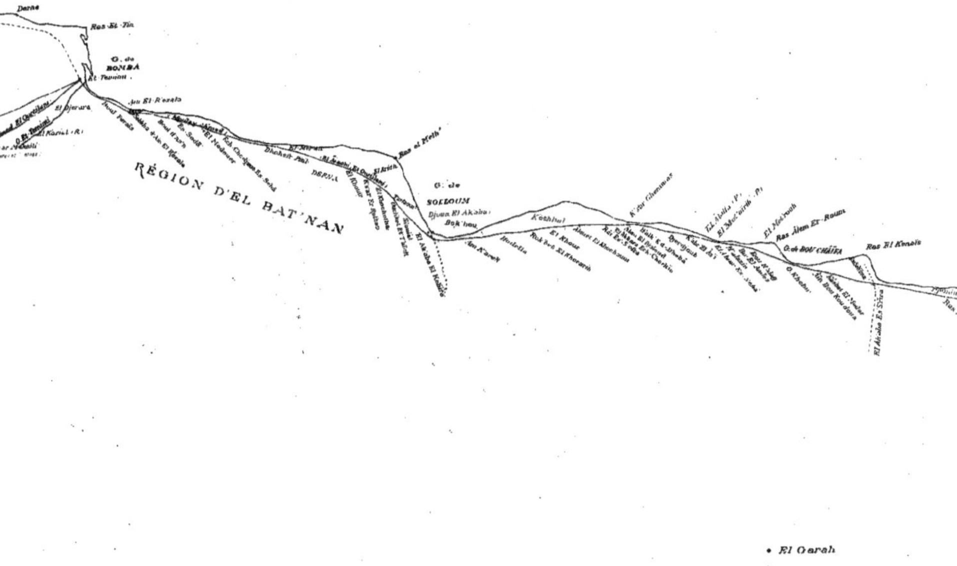

MER MÉDITERRANÉE
Derne
Ras-Et-Tin
G. de
BOMBA
RÉGION D'EL BAT'NAN
Ras el Meth'
G. de
SOLLOUM
Ras Alem Er-Roum
G. de BOU CHAÏFA
Ras El Kenaïs
El Qarah

RRANÉE

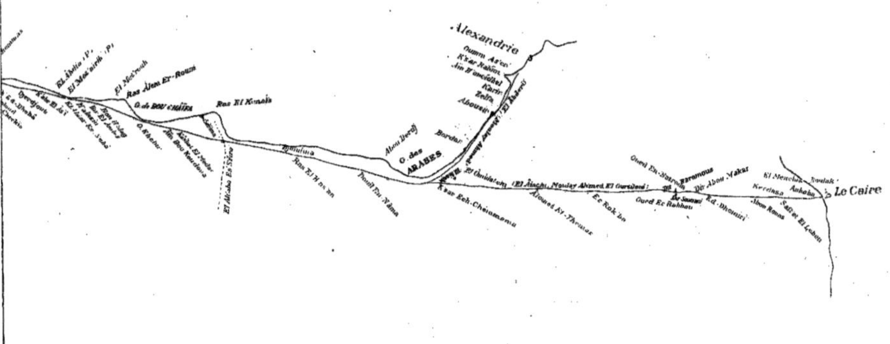

• El Garah

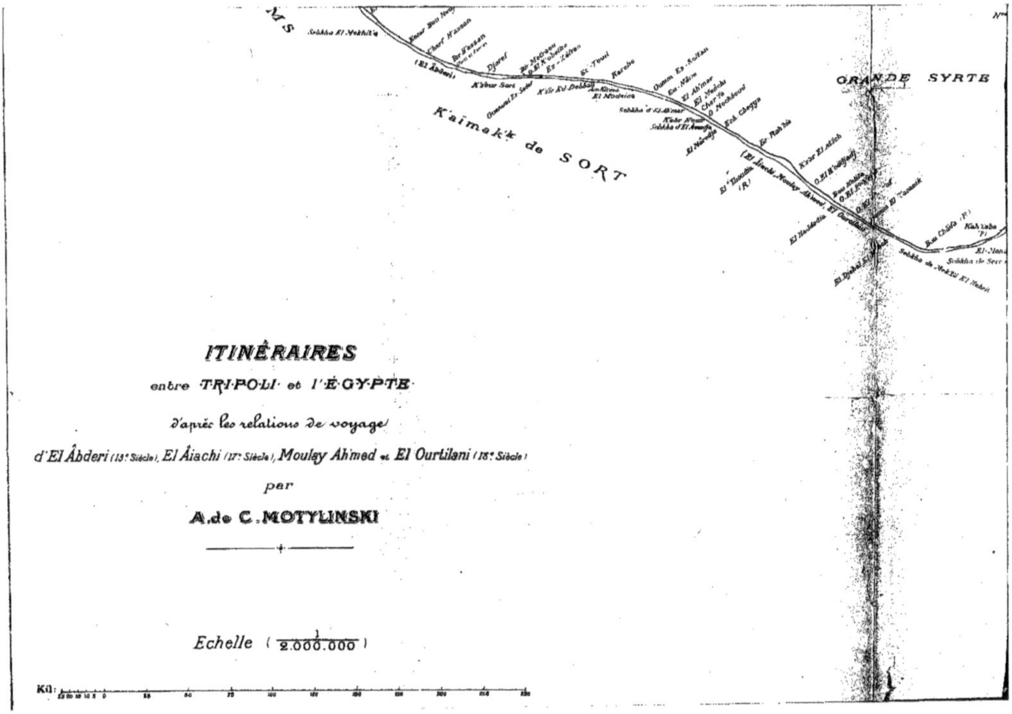

GRANDE SYRTE

Kaïmak'k de SORT

ITINÉRAIRES

entre TRIPOLI et l'ÉGYPTE

d'après les relations de voyage

d'El Âbderi (13e Siècle), El Âiachi (17e Siècle), Moulay Ah'med et El Ourtilani (18e Siècle)

par

A. de C. MOTYLINSKI

Echelle ($\frac{1}{2.000.000}$)

Kil: 25 20 15 10 5 0 25 50 75 100 125 150 175 200 225 250

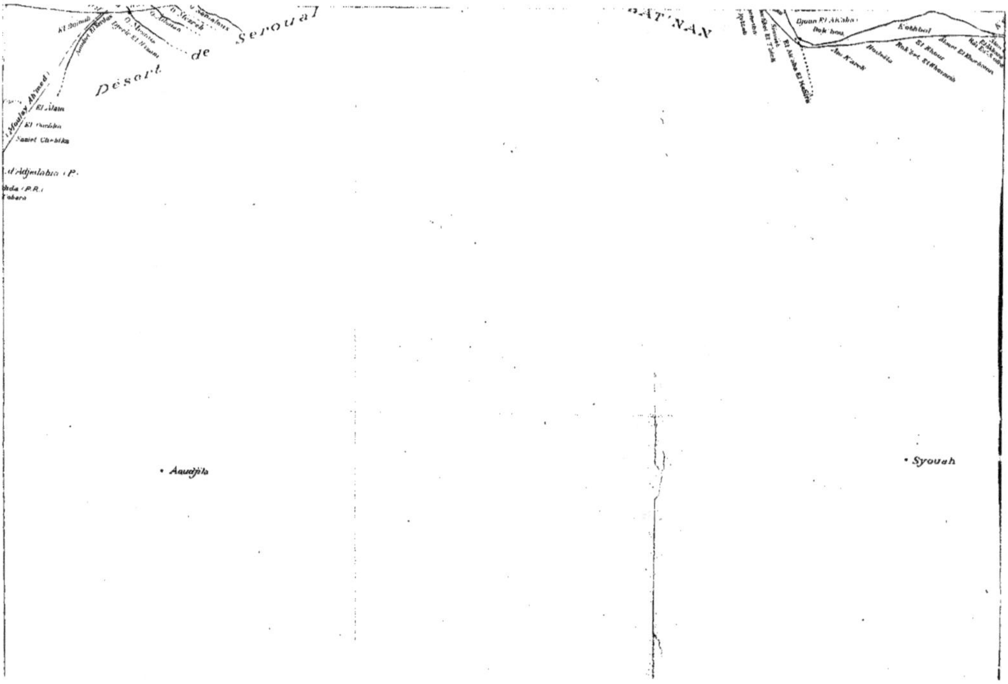

El Djinedi
O. Mezzeh
O. Athaten
O. Mestata
Désert de Seroual
Moulay Ah'med
El Alam
Zaviet Chebika
d'Adjedabia (P.
Taboro
...AT'NAN
Djoun El Akaba
Bok'bou
Kothbal
El Akaba El Kebira
Ras El Kanaïs
El Khour
Rak'bet El Kharoubi
Aoudjila
Syouah

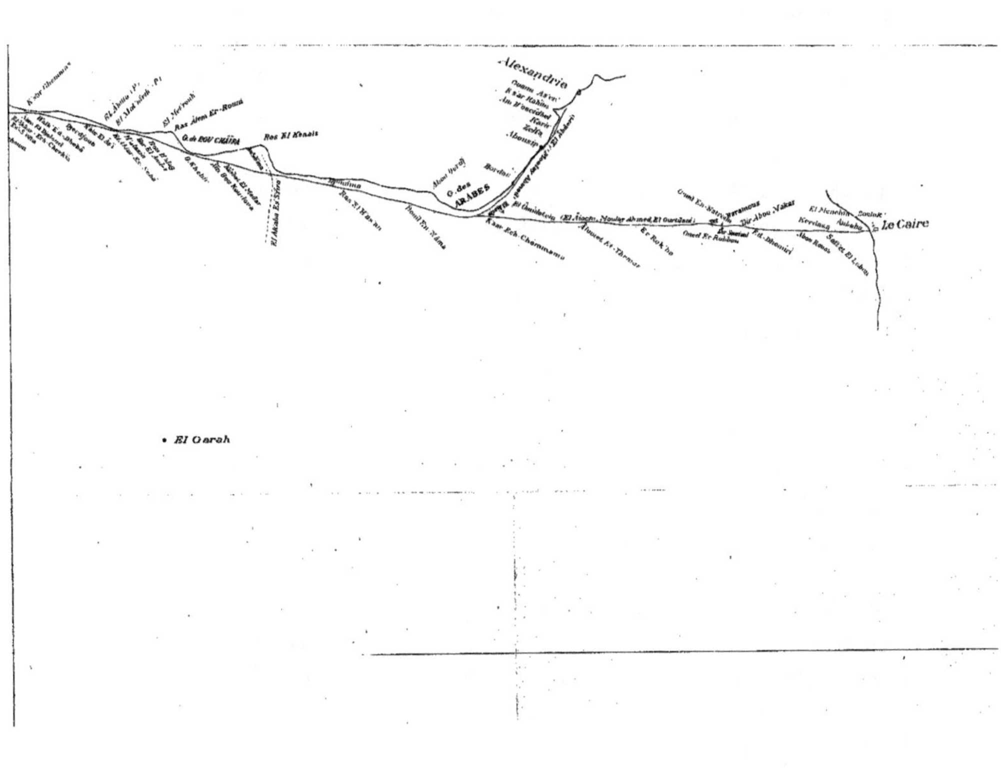

Alexandrie
G. des ARABES
Le Caire
El Qarah
Ras El Kenaïs
G. de BOU CHAÏFA
Ras Alem Er-Roum

ERRATA

	Au lieu de :	Lire :
Page 3, ligne 22...........	*Della Alla*	*Della Cella*
Page 5, ligne 14...........	*Alexandrie*	*Tripoli*
Page 7, note 1............	*O'ati*	*Ouled Ali*
Page 11, note 1............	*Casv*	*Casr*
Page 13, ligne 32..........	*de Tek'ouin*	*du Tek'ouim*
Page 14, ligne 26..........	*acqueduc*	*aqueduc*
Page 17, ligne 13..........	*En-Hôman*	*En-Nôman*
Page 17, ligne 21	زعفون	زعفران
Page 18, ligne 4...........	*Aba El K'ader*	*Abd El K'ader*
Page 18, ligne 14..........	المعم	المنعم
Page 18, ligne 25..........	*Sidi Has'er*	*Sidi Nas'er*
Page 22, ligne 14	*connues*	*connus*
Page 22, ligne 14..........	*rapportées*	*rapportés*
Page 23, ligne 8...........	بة اكرو	اكروبة
Page 26, ligne 25..........	*El Bat'man*	*El Bat'nan*
Page 26, ligne 31..........	*Foumm*	*Foum*
Page 31, ligne 12..........	*du K's'our*	*des K's'our*
Page 35, ligne 4...........	*El Bioub*	*El Boioub*
Page 35, ligne 24..........	قصيرت	قصيرات
Page 40, note 1............	*Della Alla*	*Della Cella*
Page 40, ligne 27	*Asdépiadée*	*Asclépiadée*
Page 45, ligne 15..........	وادى كبير	وادى خبير
Page 54, note 1......... ..	*Djerves*	*Djerdes*
Page 57, ligne 28	*H'addjadj*	*H'oddjadj*
Page 59, ligne 8...........	*Guerraret*	*Gueraret*
Page 61, ligne 15..........	*de Tadjoura*	*à Tadjoura*
Page 62, ligne 18..........	*Zarouia*	*Zaouia*
Page 62, ligne 26..........	*Pour H'assan*	*Dour H'assan*
Page 63, ligne 22..........	*El Kharroube*	*El Kh[illegible]ba*
Page 64, ligne 21..........	*El Motaïrih'*	*El Mot'aïrih'*
Page 67, 1er col, ligne 11 .	*3e.........*	*3e K's'ar El Mekhili*
Page 69, ligne 3, 1re col...	*1re étape...*	*5e étape*
Page 70, ligne 21	*d'une fois*	*deux fois*
Page 71, ligne 3...........	*Djenâ*	*Djemâ*
Page 72, ligne 3...........	*l'accompagne*	*l'accompagnent.*
Page 74, ligne 3...........	(*El Mansouric*)	(*El Mans'ouria*)

www.ingramcontent.com/pod-product-compliance
Lightning Source LLC
LaVergne TN
LVHW020436230826
846091LV00004B/1512

9782013604222